Kultbuch Tee

Alles über das einfachste und vielfältigste Getränk der Welt

Bildnachweis:
S. 4 Teeplantage in Malaysia
© S. 4 – S. 78 dpa/picture alliance, Frankfurt
© S. 83 – S. 143 KOMET Verlag GmbH

© KOMET Verlag GmbH, Köln
Text: Susanne Grüneklee
Coverfotos: © mauritius images/age: links; © Fotolia.com/Subbotina Anna: rechts oben;
© Fotolia.com/Feig/Feig/Stockfood: rechts Mitte; © picture alliance, Frankfurt: rechts unten, U4
Gesamtherstellung: KOMET Verlag GmbH, Köln
ISBN 978-3-86941-180-4
www.komet-verlag.de

Susanne Grüneklee

Kultbuch

Tee

Alles über das einfachste und vielfältigste Getränk der Welt

Inhalt

Die schönsten Tee-Rezepte

Tee

Tee ist nach Wasser das beliebteste Getränk in der Welt: Nicht nur in den Ländern seiner Herkunft, auf allen Kontinenten wird der Tee als ein selbstverständliches und sehr variantenreiches Alltagsgetränk konsumiert. Jährlich werden weltweit rund drei Millionen Tonnen Tee angebaut. Interessanterweise kommen mehr als achtzig Prozent des Tees aus den Hauptanbauländern China, Indien und Sri Lanka gar nicht in den Export, sondern werden von den Einwohnern selbst konsumiert.

Das europäische Interesse und die Leidenschaft für den Tee hat die Weltgeschichte zeitweilig entscheidend beeinflusst. Sogar Kriege wurden um seinetwillen geführt. In Europa war er zunächst ein elitäres Vergnügen für Mitglieder der königlichen Familien und reiche Leute. Doch sehr schnell gewann er auch hier mehr Volksnähe und erfreut sich bis heute wachsender Beliebtheit. Von Russland, dessen Kultur ohne Tee nicht zu denken ist, bis nach Afrika, von Australien bis in die Basare des Nahen Ostens: Überall wird Tee nicht nur getrunken, er wird zelebriert, trägt zu erfolgreichen Geschäftsabschlüssen bei und ist ein vielfältiges Lebenselixier. Tee ist ein absoluter „Allrounder", nicht nur durch die große Auswahl und Geschmacksvielfalt, die er bietet. Er begeistert Menschen jeden Alters und jeglicher Herkunft und eignet sich für so ziemlich alle Lebenslagen.

„Kein Getränk ist so facettenreich und vielseitig wie Tee, und man kann ihn in allen Lebenssituationen genießen. Ob zum Frühstück, 4-Gänge Menü, im Büro, mit Freunden in der Tea-Lounge oder nach dem Fitness-Training" erklärt Jochen

Das Haupt-Tee-Anbaugebiet Japans befindet sich in der Provinz Shizuoka am Fuße des Mount Fuji in der Mitte Japans. Dort wird ausschließlich grüner Tee getrunken und nur ein halbes Prozent der gesamten Produktion ausgeführt.

Spethmann, Vorsitzender des Deutschen Teeverbandes, die wachsende Beliebtheit des Getränkes. Gerade auch aus dem Wellness- und Lifestylebereich ist Tee seiner Ansicht nach nicht mehr wegzudenken.

Nicht nur der Konsum auch der Anbau von Tee ist – trotz der hohen Anforderungen der Teepflanze an ihre Umgebung – inzwischen auf der ganzen Welt verbreitet. Es gibt unendlich viele Teesorten und Teemischungen und die vielfältigsten Möglichkeiten ihn zuzubereiten und zu trinken. Jeder hat schon einmal von der japanischen Teezeremonie gehört, aber auch Chinesen, Russen, Engländer oder Ostfriesen haben die unterschiedlichsten Methoden und Philosophien entwickelt, wie ihr Tee zu genießen sei. Doch die vollständige kulturelle Relevanz des Tees erfasst man nicht, indem man die geschichtlichen Fakten beschreibt oder die Pflanze und ihre Verarbeitung analysiert. Tee ist schon immer mehr als ein Getränk gewesen: Er ist ein weltumspannendes Phänomen, in dem Geschichten und Geschichte eine mindestens gleich große Rolle spielen.

Indische Pflückerinnen – Das Tee pflücken liegt oft in Frauenhand, sie gehen in festgelegten Pflückrunden über die Plantagen. Eine gute Pflückerin erntet am Tag bis zu 30 kg Teeblätter. Das entspricht etwa 30.000 Blattspitzen.

Mythos Tee

Die Alchimie zwischen Wasser und Tee ist ein Geheimwissen, dessen Kompliziertheit in seiner Einfachheit liegt. Die mannigfaltigen Riten um den Tee lassen vermuten, dass da mehr ist zwischen Wasser und Teeblatt als sich mancher Europäer – besonders wenn er eher zu den Kaffeetrinkern zählt – träumen lässt.

Der Legende und den meisten Quellen zufolge soll der chinesische Kaiser Shen Nung (28. Jh. v. Chr.) die Zubereitung des Tees erfunden haben. Er hat das älteste bekannte Buch der Welt über Ackerbau und Heilpflanzen verfasst. Das Originalbuch ist nicht mehr erhalten, aber seine Inhalte flossen 1552 in das 52-bändige Werk des Li Shi ein, ein Standardwerk der frühen chinesischen Pharmazie. Kaiser Shen Nung ließ sein Trinkwasser immer abkochen, denn er war überzeugt, dass ihn dies vor Krankheiten bewahren werde. Eines Tages soll er nach heißem Wasser verlangt haben. Durch einen Luftzug seien ein paar Blätter in das heiße Wasser geraten. Der Duft, der nun aus dem Topf aufstieg, erregte die Aufmerksamkeit des Kaisers: Gespannt kostete er etwas von dem Wasser und war entzückt von dem Geschmack und der erfrischenden Wirkung des Getränks.

Die Chinesen verwendeten Kamelienblätter zu dieser Zeit bereits als Gewürz und bei der Herstellung medizinischer Salben. Bis dahin hatte jedoch niemand daran gedacht, aus den Blättern einen trinkbaren Aufguss zu brauen. Die Entdeckung des Kaisers breitete sich schnell in ganz China aus, und bald trank jedermann das neue Ge-

Tee wurde in China ursprünglich wegen seiner medizinischen Eigenschaften geschätzt. Zunächst wurde er nur in höfischen Kreisen getrunken, doch über die Jahrhunderte eroberte er, nicht nur in China, alle Gesellschaftsschichten.

tränk. So wurde Tee ein wichtiger Teil der chinesischen Kultur.

Eine zweite Legende wird in verschiedenen Varianten erzählt. Die indische Version beschreibt, wie der indische Mönch Bodhidharma sich auf eine siebenjährige Pilgerreise nach China begab, um den Buddhismus in China bekannter zu machen. Vor seiner Reise legte er das Gelübde ab, für die Dauer seiner Pilgerfahrt nicht zu schlafen, sondern zu meditieren, um den Beistand des Himmels zu bekommen. Nach ein paar Jahren überfiel ihn dennoch eine starke Müdigkeit. Um sich wach zu halten, pflückte er von den Sträuchern in seiner Umgebung Blätter und zerkaute sie. Diese Blätter erfrischten ihn so gründlich, dass er die letzten zwei Jahre seiner Reise problemlos ohne Schlaf auskam.

Die japanische Variante dieser Legende besagt, dass Bodhidharma, buddhistischer Mönch und dritter Sohn des indischen Königs Kaisawo, ca. 519 n. Chr. mehrere Jahre vor einer Felswand meditiert haben soll. Während dieser Meditation überkam ihn eines Nachts schließlich die Müdigkeit, die Augen fielen ihm zu und er drohte einzuschlafen. Er soll über seine Schwäche so zornig geworden sein, dass er sich beide Augenlider abschnitt und sie zu Boden warf. Die Augenlieder schlugen bis zum nächsten Morgen Wurzeln und aus ihnen wuchsen zwei Sträucher mit schönen, grünen Blättern. Als Bodhidharma von den Blättern kostete, verschwand seine Müdigkeit und er fühlte sich wunderbar erfrischt. Das Schriftzeichen für Tee „Cha" bedeutet in Japan übrigens nicht nur „Tee" sondern auch „Augenlied".

Die Chinesen verwendeten Kamelienblätter bereits als Gewürz und bei der Herstellung von Salben. Die Idee, einen trinkbaren Aufguss aus Teeblättern zu brauen, setzte sich erst später durch.

China – die Wiege des Tees

China ist das erste Land, in dem Teesträucher angepflanzt und Teeblätter geerntet und bearbeitet wurden. Hier wurde Tee anfänglich nicht als Getränk, sondern als nahrhafte Suppe zubereitet. Die frischen Teeblätter wurden gedämpft, in einem Mörser zerstoßen, zu einem Kuchen gepresst und zusammen mit Reis, Ingwer, Salz, Orangenschalen, Gewürzen, Milch und manchmal auch Zwiebeln gekocht. Ähnliche Zubereitungsformen kennt man heute noch in Tibet und bei einigen Mongolenstämmen.

Der schon genannte mythische Kaiser Shen Nung, der als Gründervater der chinesischen Kultur gesehen wird, soll um 2800 vor Christus das „Shen Nung ben cao jing" niedergeschrieben haben, das erste Buch über Heilkräuter und Ackerbau und demnach das älteste bekannte Buch über dieses Themengebiet. Die meisten Forscher vermuten allerdings, dass das Buch irgendwann zwischen 300 vor und 200 nach Chr. geschrieben wurde. Shen Nung soll zur Bestimmung der Heilkräuter alle Pflanzen selbst probiert haben, was nicht ungefährlich war, denn oft wurde er dabei durch die verschiedenen Kräutergifte krank. Schließlich soll er eine Pflanze

entdeckt haben, die entgiftend wirkte: die Tee-Pflanze.

Vom Heilmittel zum alltäglichen Getränk war es aber noch ein weiter Weg. Man geht davon aus, dass der Tee bereits in der Westlichen Han-Dynastie (206 v. Chr. – 24 n. Chr.) als Getränk genutzt wurde. Richtig populär wurde der Tee allerdings erst im so genannten „goldenen Zeitalter" der Tang Kaiser (618-907 n. Chr.), als Lu Yu das „klassische Buch vom Tee" das „Chajing" – einen Leitfaden für Teeliebhaber – verfasste. Darin wird zum ersten Mal systematisch die Geschichte des Tees formuliert und Ursprünge, Standorte, Eigenschaften und Sorten von Tee aber auch Teegeschirre und Bearbeitungsverfahren beschrieben. Von da an fand der Tee in allen gesellschaftlichen Schichten Verbreitung.

Angebaut wurde Tee in den Provinzen Sichuan, Hunan, Hubei, Jiangxi und Fujian, und der Teehandel florierte. Ob ein Tee gut oder minderwertig war, wurde durch Wettbewerbe entschieden. Dabei kam es auf die Qualität des Tees, die Wasserqualität, aber auch die Formschönheit und Harmonie des Teegeschirrs in Kombination mit der Farbe des Tees an.

Asiatisches Teehaus, Shanghai. Auf dem Weg zum Teehaus passiert man eine Zick-Zack-Brücke, die die bösen Geister fern halten soll.

10

Beim Teetrinken ging es nicht allein um das Löschen des Durstes, sondern auch um die Förderung von Freundschaft und um den Gedankenaustausch. In den Städten entstanden Orte an denen man all dies genießen konnte: die Teehäuser. Händler tauschten hier Geschäftsinformationen aus, Literaten und Gelehrte besprachen ihre Werke, auch Streitigkeiten wurden gerne im Teehaus geschlichtet.

Mit der chinesischen Teekultur sind außerdem viele Kunstformen eng verbunden: Dichtung, Malerei, Kalligraphie, Lieder und Tänze, Theaterstücke und Balladen ranken sich um sie.

CAMELLIA SINENSIS

Die Teepflanze Camellia Sinensis gehört zur Gattung der Kameliengewächse und zur Familie der Teestrauchgewächse (Theaceae). Die Blätter des immergrünen Strauches sind zunächst seidig behaart. Im Laufe ihres Wachstums verlieren sie jedoch ihren Seidenflaum und bekommen eine robuste, ledrige Haut und eine mehr oder weniger ausgeprägte Zahnung am Blattrand. Die Blätter werden fünf

> Lange Zeit glaubte man in Europa, dass grüner und schwarzer Tee von verschiedenen Pflanzen stammen. Dabei handelt es sich bei beiden Tees um die Blätter desselben Strauches der Gattung „camellia sinensis". Erst die Bearbeitung des Tees nach dem Pflücken macht den Unterschied.

bis 14 Zentimeter lang und zwei bis 7,5 cm breit. Die Oberfläche ist dunkelgrün, glatt und glänzend. Die Unterseite ist heller gefärbt und kann behaart sein. Der Teestrauch blüht von Oktober bis Februar, seine Blüten stehen einzeln oder zu dritt in den so genannten Blattachseln. Ihre Färbung ist weiß bis rosafarben und sie werden etwa kirschblütengroß. Die Früchte bilden dreiteilige Kapseln aus und erinnern in Größe und Aussehen an Haselnüsse. Die Früchte und Blüten der Teepflanze spielen bei der Herstellung von Tee übrigens keine wesentliche Rolle. Früher wurden die Samen für die Pflanzenzucht genutzt, man ließ ausgewählte Büsche blühen, und erntete auch ihre Samen. Heute spielt diese Möglichkeit der Vermehrung kaum noch eine Rolle, denn auf den modernen Teeplantagen wird die Vermehrung bzw. Nachzucht der Sträucher hauptsächlich durch Stecklinge erzielt.

Die Pflanze wächst mit Vorliebe in subtropischem Monsunklima mit feuchten, heißen Sommern und relativ trockenen, kühlen Wintern. Die ursprüngliche, wilde Teepflanze wuchs im Unterholz immergrüner Wälder, das Verbreitungsgebiet lässt sich allerdings nicht mehr 100%ig ausmachen. Heutzutage ist die Pflanze selten wild und fast ausschließlich in der kultivierten Form zu finden.

Der Teestrauch hat hohe Ansprüche an seine Umgebung: Die mittlere Jahrestemperatur sollte um die 18°C liegen. Frost sollte nur selten vorkommen. Extrem wichtig ist die jährliche Wassermenge, eine Pflanze nimmt im Jahr ca. 1600 Liter auf, aber sumpfig darf der Boden trotz des erhöhten Wasserbedarfs auch nicht werden, die Pflanze darf nämlich keine „nassen Füße" bekommen. Außerdem muss die Sonneneinstrahlung pro Tag ca. 4 Stunden betragen, damit sich die Pflanze wohl fühlt und gedeiht.

„TEE" ODER „CHAY"?

Im Laufe seiner Geschichte hat der Tee zahlreiche Kulturen geprägt und dabei haben sich zwei lautliche Bezeichnungen durchgesetzt. Den einen Wortstamm kennt man in Zentraleuropa,

in den romanischen Sprachen und in den englischsprachigen Gebieten, hier ist die Bezeichnung „Tee", „thé" oder „tea" gebräuchlich. Bezeichnungen wie „Chai" oder „Tschay" kennt man aus dem Nahen Osten, Russland und den asiatischen Regionen selbst. Für diese Doppelte Namensgebung gibt es einen einfachen Grund: Das Zeichen für Tee wird in den verschiedenen Regionen Chinas unterschiedlich ausgesprochen: Dasselbe Zeichen das im südostchinesischen „te" heißt, wird im nordchinesischen „cha" ausgesprochen. Der Wortstamm „Tee" ist daher überall dort gebräuchlich, wo das Getränk auf dem Seeweg über die Häfen Südchinas importiert wurde. Die Lautung „Tschay" ist dagegen in den Ländern zu finden, die den Tee auf dem Landweg über die Mongolei und Russland importierten. Die einzige Ausnahme bildet Portugal in diesem Zusammenhang: Hier heißt Tee ebenfalls „chá", was vermutlich mit den frühen und direkten Handelskontakten Portugals mit China zusammenhängt.

Das Schriftzeichen für Tee „CHA" wird in den unterschiedlichen Regionen Chinas verschieden ausgesprochen, dieser Umstand wirkte sich bis nach Europa aus, denn mit dem Tee wurden auch die verschiedenen Namensgebungen importiert.

Eine kleine Geschichte des Tees

Ca. 2500 v. Chr. wird die wild wachsende Teepflanze im Südwesten Chinas, im Bergland von Yunnan entdeckt.

Ca. ab 350 v. Chr. wird Tee am Hofe der chinesischen Kaiser als Heilmittel bekannt. Erste Handelskontakte zwischen Asien und den orientalischen und mittelasiatischen Reichen entstehen. Die „Seidenstraße" – ein Netz von Karawanenstraßen, dessen Hauptroute das Mittelmeer mit Ostasien verband – brachte Kaufleute, Gelehrte, Ideen und Kulturgüter von Ost nach West und umgekehrt. Die Händler, die diese Route bereisten, kannten den Tee lange bevor er als Handelsgut auf die Reise ging.

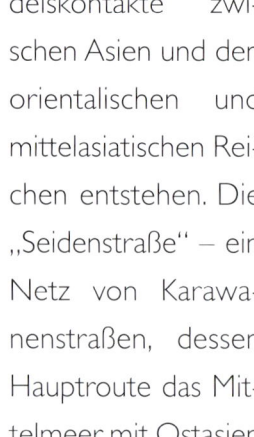

Die ursprüngliche Teepflanze wuchs im Unterholz immergrüner Wälder. Der Teestrauch hat hohe Ansprüche an seine Umgebung, die mittlere Jahrestemperatur sollte um die 18 Grad liegen.

Erste Handelskontakte mit orientalischen und mittelasiatischen Reichen entstanden über die Seidenstraße, Karawanen brachten kostbare Waren wie Seide und Tee von China über Russland nach Europa (rechte Seite).

Ab 618 n. Chr. (bis 907) wird der Tee in China populär und ist in allen Gesellschaftsschichten als Genussmittel verbreitet. In dieser Zeit entsteht das erste umfassende Buch über den Tee, das „Chajing" („Das klassische Buch vom Tee"). Lun Yu verfasst diesen Leitfaden für Teeliebhaber und das Buch wird zur „Bibel" des Tees. In dieser Zeit werden auch die ersten Steuern auf Tee erhoben, dieser Tribut-Tee für den Kaiser war eine starke Belastung für die Bauern, trug aber auch zur Verbreitung und Professionalisierung des Teeanbaus bei.

Ab 710 n. Chr. wird der erste Tee nach Japan und Korea exportiert. Ein paar buddhistische Mönche sollen die ersten Teesetzlinge aus China nach Japan mitgebracht haben. Einige Jahre später erfuhr der Tee einen zweiten Aufschwung durch den Mönch Eisai, den Begründer der Zensekte in Japan. Er brachte 1168 ein weiteres Mal Teesetzlinge aus China mit und schenkte sie dem Mönch Myoe, der den Tee in den Nähe von Kyoto anpflanzte. Er konnte aufgrund des guten

Bodens einen besonders aromatischen und hochwertigen Tee züchten. Noch heute befindet sich dort in der Nähe in Uji das wichtigste Anbaugebiet Japans.

Ab 1245 Auf dem Landwege erreichen erste europäische Abenteurer Zentralasien und China, wie zum Beispiel Marco und Niccolo Polo oder der Missionar Giovanni Piano Carpini, wobei die Berichte Marco Polos inzwischen in punkto Echtheit angezweifelt werden.

1557 erlaubten die Chinesen ausschließlich den Portugiesen in Macau eine Ansiedlung zu bauen und eine lokale portugiesische Verwaltung einzurichten. Die Auflagen Chinas waren jedoch streng und der Teepreis wurde vom Kaiserhof festgesetzt. Außerdem wurden als Zahlungsmittel nur reines Gold und Silber akzeptiert. Die Portugiesen nutzten Macau als Handelsposten und Zwischenstopp auf dem Weg von Lissabon nach Nagasaki.

1610 bringen Kaufleute der Holländisch-Ostindischen Kompanie zum ersten Mal eine Ladung Tee nach Amsterdam. Sie hatten zu diesem Zeitpunkt keinen direkten Zugang nach China und bezogen den Tee über den Handelsstützpunkt Batavia (heute: Jakarta).

1610–1700 Holland übernimmt das Teemonopol von den Portugiesen. Von Batavia aus werden regelmäßig Schiffe nach China und Japan geschickt, um Tee einzukaufen. 1644 lieferten die Holländer die ersten 100 Pfund Tee nach England aus.

Zwischen 1618 und 1638 gerät erstmals Tee auf dem Landweg nach Russland – als Geschenk für den Zaren. Dieser so genannte „Karawanentee" galt als wesentlich hochwertiger als der Tee, der auf dem Seeweg monatelang in muffigen und feuchten Laderäumen gelagert wurde. Einige Jahre später beginnt der regelmäßige Tee-Import nach Russland.

1622 Katharina von Braganza, portugiesische Prinzessin und Ehefrau Karls II. von England, soll bei ihrer Ankunft auf der Insel um eine Tasse Tee gebeten haben. Karl II. soll geantwortet haben: „We don't drink tea in England. But maybe some ale will do." („Wir trinken keinen Tee in England. Aber vielleicht wäre ein Bier genehm?"). Katharina soll daraufhin den Tee am englischen Hof eingeführt haben, sie gilt als Begründerin der britischen Teekultur.

1669 ging das Handelsmonopol an die Britische Ostindien-Kompanie über, die bis 1834 das Monopol für den Chinahandel innehatte. Der Seeweg von Asien nach England dauerte damals rund sechs bis neun Monate.

1717 eröffnet Thomas Twining das erste Teegeschäft in London.

1773 kulminierte der Streit zwischen den 13 Kolonien in Nordamerika und ihrem Mutterland Großbritannien, bei der eine Gruppe von widerstandsbereiten Männern, die „Sons of Liberty", in einer Nacht-und-Nebel-Aktion ihre Missbilligung gegenüber dem Teezoll zum Ausdruck brachten. An die 50 Männer liefen als Mohawk-Indianer verkleidet zum Hafen, stürmten die drei Schiffe der Ostindiengesellschaft und schütteten die gesamte Ladung Tee ins Hafenbecken – insgesamt immerhin 45 Tonnen. Die Aktion ging als „Boston Tea Party" in die Geschichte ein und löste den Krieg um die amerikanische Unabhängigkeit aus.

1780 England verhängt eine Handelssperre über die Niederlande, und viele holländische Kaufleu-

Die so genannte Boston Tea Party am 26. Dezember 1773. Als Indianer verkleidete Bürger werfen kistenweise Tee in das Bostoner Hafenbecken aus Protest gegen die britische Teesteuer.

te lassen sich in Ostfriesland nieder, 300 niederländische Handelsschiffe fahren in dieser Zeit unter ostfriesischer Flagge. Das führt vor allem in Norddeutschland zu einer wachsenden Popularität des Tees.

1780–1806 In Berlin werden die „Teesalons" der Rahel Varnhagen, Henriette Herz und anderer Damen populär. In diesen »Theegesellschaften« gab es Hauskonzerte, Dichterlesungen und Theatervorstellungen, aber im Mittelpunkt stand die kultivierte Plauderei.

Ab 1806 Die von Napoleon verhängte Kontinentalsperre, führt dazu, dass in Russland der Teehandel auf dem Landwege verstärkt wird. Russische Kamelkarawanen brauchen allerdings achtzehn Monate für einen Treck. Sie tauschen Felle gegen Tee.

Ca. 1823 Robert Bruce, Oberst der britischen Armee und Amateurbotaniker, entdeckt die

Urwaldrodung mit Hilfe von Elefanten, 1834–1838 entstanden erste große Teeanpflanzungen in Indien, erste Teelieferungen aus Assam erreichen London.

Assamteebäume im Dschungel Indiens, aber erst als Leutnant Carlton eine Probe vorlegt, wird das in der Fachwelt als Meilenstein wahrgenommen. Aus dieser wild wachsenden Art wird eine robuste und ertragreiche Sorte gezüchtet: die Camellia Assamica, die doppelt so große Blätter hat, wie die chinesische Camellia Sinensis.

1834 Nach dem Ende des englischen Handelsmonopols für China und der Aufhebung der Navigationsakte (Navigation Acts) 1849 – in der festgelegt war, dass nur englische Schiffe Waren aus Übersee nach Großbritannien liefern durften – beteiligten sich auch andere Nationen am Teehandel, darunter Deutschland und die USA.

1834–1838 Erste Assam-Teepflanzen werden von britischen Pflanzern im größeren Stil in Indien angebaut und erste Teelieferungen aus Assam erreichen London.

Historisches Gemälde: Ein Teekaufhaus in Kanton. Je beliebter der Tee in Europa wurde, desto wichtiger wurde das Handelsgut „Tee" auch in China: Um 1700 wurden bereits ca. vier Millionen Gulden umgesetzt.

1839 – 1842 Je populärer der Tee in Europa wurde, desto mehr Devisen flossen nach China. Um 1700 waren es bereits ca. vier Millionen Gulden. Da China an dem Import europäischer Waren nur in geringem Maße interessiert war, fing die britische Handelsgesellschaft gezielt an, Opium in China zu verbreiten, zunächst legal, dann – nach dem Edikt des chinesischen Kaisers – illegal durch Schmuggel. Der Teehandel wurde immer mehr geprägt durch das Geschäftsgebaren europäischer Rauschgifthändler, die kein Mittel scheuten, an Tee zu kommen. Immer mehr Chinesen wurden opiumabhängig.

Der Kaiser entsandte einen Kommissar der anordnete, dass das Opium bis auf das letzte Gramm ausgeliefert werden müsse. Der geschlossene Boykott der Chinesen führte dazu, dass die in Kanton lagernden 20.283 Kisten und 2.119 Säcke Opium konfisziert und verbrannt wurden. So kam es 1840 zum Ausbruch des so genannten Opiumkrieges in dem die Chinesen unterlagen, worauf sie Honkong an England verloren, den Opiumhandel weiterhin erdulden und sogar größere „Reparationszahlungen" an England leisten mussten.

SUEZ CANAL

Der Suezkanal bedeutete das Ende der „Cutty Sark" und aller anderen Teeklipper, die unter Segeln fuhren, der Weg ins Zeitalter der modernen Handelsschifffahrt hatte begonnen.

1869–1870 die Eröffnung des Suezkanals verkürzt den Seeweg von und nach Asien auf runde 100 Tage. Damit endet die Zeit der Teeclipper. Schnelle Postdampfer übernehmen den Liniendienst von London über Kalkutta und Colombo nach Shanghai, Fuzhou und Hangzhou. Auch die neuerdings geschlossenen Laderäume der Postdampfer, die die Fracht wesentlich weniger störenden Gerüchen aussetzten, bedeutete eine große Qualitätsverbesserung.

1880–1900 China verliert die Anführerschaft in der Teeversorgung des Weltmarktes. Der Anteil des chinesischen Tees am Weltmarkt sinkt von 80 % auf 38 %. Die neuen Anbaugebiete in den Kolonialgebieten auf der Basis von billigeren, industriellen Monokulturen übernehmen die Versorgung. Außerdem setzt sich die widerstandfähigere, mehr Ertrag liefernde Assam-Teepflanze, bzw. Kreuzungen aus China- und Assampflanzen in den neuen Anbaugebieten durch.

Ab 1900 finden erste Anbauversuche im Hochland von Kenia in Afrika statt. Diese Gegend wird schnell für den massenhaften Teeanbau attraktiv. Die meisten Plantagen liegen nordwestlich der Hauptstadt Nairobi an der Grenze zu Tansania und Uganda.

1922 wird der letzte Teaclipper die „Cutty Sark", die im Jahr der Eröffnung des Suezkanals gebaut wurde, von einem britischen Kapitän gekauft, restauriert und als Museum in Greenwich am Längengrad Null festgemacht, wo man ihn heute noch bewundern kann.

Ab 1945 wird Afrika zum weltwirtschaftlich relevanten Teeproduzenten, denn die englischen Konzerne versuchen sich wegen der Befreiungsbewegung Indiens und Ceylons/Sri Lankas umzuorientieren und investieren jetzt verstärkt in den Teeanbau von Malawi, Tansania, Kenia und Uganda. Ungefähr zeitgleich zieht sich China aus dem Tee-Welthandel zurück.

1947 Der gewaltfreie Widerstand gegen die britische Kolonialherrschaft u. a. unter Mahatma Gandhi und Jawaharlal Nehru, führt zur indischen Unabhängigkeit, Ceylon/Sri Lankas Unabhängigkeit folgt 1948.

Ab den 1970er Jahren kommt neuer Schwung in den Teemarkt: Das Aromatisieren von Schwarztee erobert neue Käuferschichten und führt zu einem neuen Teeboom. Tee ist nicht mehr das Getränk älterer Damen, sondern setzt sich besonders bei jungen Leuten durch. Teestuben und eine neue Geselligkeit um den Tee entstehen.

Die „Cutty Sark" im Dock in Greenwich, London. Sie war eines der zuletzt gebauten, schnellsten Segelschiffe, die für den Handel eingesetzt wurden.

Ab 1982 wird wieder im größeren Maßstab chinesischer Tee gehandelt.

Ab 1990 werden in Europa verstärkt Grüntees angeboten, eine Renaissance der „echten" Teekulturen setzt ein und hält bis heute an.

21

Wirtschaftsfaktor Tee

Wie die geschichtlichen Fakten zeigen, ist Tee bereits seit Jahrtausenden nicht nur ein beliebtes Getränk, sondern ein bedeutender Wirtschaftsfaktor. Um ihn wurden zeitweise sogar Kriege geführt, und eine Reihe von weltwirtschaftlichen Strukturen und Verbindungen sind durch das Phänomen Tee entstanden. In den Erzeuger-Ländern prägt der Teeanbau den Arbeitsmarkt und die Infrastruktur entscheidend. Teeanbaugebiete sind große Arbeitgeber überall auf der Welt, im Jahr 2005 wurden weltweit 3,8 Millionen Tonnen Tee hergestellt. Wenn man bedenkt, dass z. B. für ein Kilo schwarzen Tee acht Kilo frische Teeblätter meist von Hand gepflückt und verarbeitet werden, bekommt man eine vage Ahnung, wie viel Arbeit in diesem beeindruckenden Ergebnis steckt.

Die wichtigsten Tee-Erzeugerländer sind China und Indien, mit etwas Abstand gefolgt von Kenia, Sri Lanka und Indonesien, die zusammen etwa ein Viertel der Weltproduktion bestreiten.

Weitere Anbauländer sind: Japan, Taiwan, Nepal, Malaysia, Uganda, Malawi, Kamerun, Russland, Argentinien, Madagaskar, Vietnam, Bangladesh, Mauritius, Burundi und Australien, u.v.m.

Der Inselstaat Sri Lanka im indischen Ozean hieß bis 1972 „Ceylon". Die Insel war immer schon ein strategischer Knotenpunkt für die Seefahrt. Ceylontees sind oft Hauptbestandteil von englischen Teemischungen.

Chinesen und Inder gehören traditionell zu den stärksten Teetrinkernationen weltweit, nur ca. 22 – 30 Prozent der Teeproduktion werden exportiert, der größte Teil wird im eigenen Lande konsumiert. Daher avanciert der aktuell drittgrößte Teeproduzent Kenia zum gegenwärtig weltweit größten Exporteur für Tee.

Die bedeutendsten Importländer sind Großbritannien, Russland, Pakistan, die USA und die arabischen Staaten. Aber auch Länder wie Irland, die Niederlande, Polen, Türkei, Iran, Ägypten, Marokko, Algerien, Tunesien, Jordanien, Syrien, Afghanistan, Australien, Kanada, Neuseeland und schließlich Deutschland sind Großabnehmer, um nur einige zu nennen.

Deutschland ist übrigens ein wichtiger Standort der Teeveredelung: Etwas mehr als die Hälfte des eingeführten Tees wird wieder exportiert. Die deutschen „Teataster", die für die Veredelung der Sorten zuständig sind, genießen seit langer Zeit einen weltweit hervorragenden Ruf. Von den mehr als fünfzigtausend Tonnen, die z.B. im Jahr 2008 nach Deutschland eingeführt wurden, kamen knapp siebenundzwanzig Tonnen – also gut die Hälfte – nach der Veredelung wieder in den Export. Den Rest trinken die Deutschen selbst – ungefähr 25 Liter pro Kopf der Bevölkerung. Dabei liegt die deutsche Hochburg des Tees ganz klar in Ostfriesland. Hier wird 12-mal so viel Tee konsumiert wie im Rest Deutschlands: Durchschnittlich 290 Liter pro Kopf! Mit einem Anteil von 77% bleibt der schwarze Tee weiterhin hoch im Kurs, nur 23% Grüntee werden hierzulande konsumiert.

Nicht nur das Pflücken von Tee, auch die Teeverarbeitung ist trotz Einsatz maschineller Methoden in vielen Ländern mit reichlich Handarbeit verbunden.

Die längste Teetafel der Welt – Wo? Natürlich in Ostfriesland: 3.000 Menschen fanden sich am 4.7.1999 im ostfriesischen Marienhafe ein, um genau Punkt 15.00 Uhr gemeinsam ihre Teetassen zu erheben – auf einen neuen Weltrekord.

Der Anbau und die Ernte

Grüner und schwarzer Tee werden grundsätzlich aus derselben Teepflanze gewonnen. Der Unterschied der beiden Teevarianten entsteht in den verschiedenen Herstellungs- bzw. Verarbeitungsverfahren des Ausgangsmaterials. Er wird das gesamte Jahr hindurch im Normalfall alle 6–14 Tage geerntet. Die Teesträucher werden so beschnitten und bepflückt, dass sie eine konstante Höhe von ein bis anderthalb Meter haben. In dieser Höhe lassen sich die Blätter leicht pflücken, außerdem fördert der Rückschnitt die Knospenbildung und damit die Menge der neu gebildeten Blätter, auf die es ja ankommt.

Je nach Lage der Plantage können im ersten Jahr ihrer Anpflanzung etwa 130 kg schwarzer Tee – das Gewicht bezieht sich auf das Endprodukt – pro Hektar erzeugt werden. Im zweiten Jahr sind es schon ca. 600 kg pro Hektar, im dritten Jahr rund 1.500 kg. und im vierten Jahr sind es an die 3.000 kg schwarzer Tee pro Hektar Anbaufläche.

Drei Pflückerinnen im Regen schützen sich mit farbenfrohen Plastiktüten. Geerntet wird Tee oft nach dem Monsunregen. Der Sommermonsun beginnt in den meisten indischen Regionen im Juni, je nach Region fallen bis September oder Oktober starke Niederschläge.

Der Zeitpunkt des Pflückens beeinflusst Farbe und Geschmack des Tees. Die Stunden zwischen 12.00 und 15.00 Uhr sind die beste Erntezeit, dann ist der Tau verdunstet. Lu Yus schon erwähnter Tee-Klassiker empfiehlt außerdem, dass der Tee nur bei schönem Wetter gepflückt werden sollte und niemals an einem regnerischen Tag, weil seine Qualität sonst leide. Das Teepflücken ist ein Handwerk, das viel Erfahrung erfordert und meist von Frauen ausgeübt wird. Bei Spitzentees wird jeweils nur die Knospe eines jeden Triebes mit zwei Blättern geerntet. Hierfür gilt der Merksatz: „two leaves and a bud" – „zwei Blätter und eine Knospe" werden gepflückt. Dabei müssen für ein Pfund fertigen Schwarztee ca. vier Kilogramm frische Teeblätter gepflückt werden.

Maschinelle Ernteverfahren können meist nur bei einfachen Teesorten eingesetzt werden. Eine Ausnahme bildet die japanische Teeproduktion: In Japan werden auch hochwertige Tees maschinell geerntet. Das Ernte- und Produktionsverfahren ist hier so weit perfektioniert worden, dass die maschinell geschnittenen Teeblätter z. T. sogar für den edlen Gyokuro-Tee verwendet werden können. Durch die regelmäßige Beschneidung der Teepflanzen und den gleichmäßigen Wuchs, erfassen die Erntemaschinen die neuen Triebe ziemlich genau. Zwei Teebauern können mit einer Erntemaschine in einer Stunde soviel ernten wie rund 50 Pflücker in drei Stunden.

„Two Leaves and a bud" – Gepflückt werden von jedem Trieb jeweils nur die drei jüngsten Blätter: zwei Spitzentriebe und eine Blattknospe.

Die Fermentation – Grüntee oder Schwarztee?

Es ist hauptsächlich die Art der Verarbeitung, die die Charakteristika eines Tees bestimmt. Die Verarbeitung schließt direkt an die Ernte an also im Gegensatz zum Kaffee, der als Rohprodukt exportiert wird, dort wo produziert wird, auf den Teeplantagen.

Nach dem Pflücken der Blätter, werden sie gewelkt, gerollt, und nach dem so genannten „Aufbrechen" zur Fermentation ausgebreitet. Sofort reagiert der austretende Zellsaft mit dem Sauerstoff und eine Veränderung, die man Fermentation nennt, beginnt. Die Blätter haben eine natürliche Tendenz sofort mit dem Sauerstoff der Luft zu reagieren, der natürliche Vorgang der Fermentation wird also bewusst unterstützt. Die hierbei stattfindenden Oxidationsprozesse rufen blatteigene Enzyme auf den Plan, die sich nun frei entfalten können. In ihrer Reaktion mit dem Sauerstoff ähneln die Teeblätter Metallen, die dem so genannten „Rostfraß" zum Opfer fallen: Auch sie verfärben sich beim Oxidieren Kupferrot. Die Fermentation ist ein Gärungsvorgang, bei der der schwarze Tee sein typisches Aroma und seine Farbe entwickelt. Diese Fermentation, die etwa 3 Stunden dauert, bedeutet jedoch keinen Verlust der wertvollen Inhaltsstoffe.

Beim grünem Tee wird der Prozess der Fermentation absichtlich unterdrückt bzw. frühzeitig abgebrochen. Dabei unterscheidet man eine chinesische und eine japanische Methode:

In China werden die Blätter nach dem Sammeln in großen Pfannen oder in Metalltrommeln über dem Feuer geröstet. Dieser Vorgang dauert nicht länger als ein paar Minuten, doch er reicht aus, um die Tätigkeit der oxidierenden Enzyme zu unterbrechen.

Anschließend werden die Blätter – meist von Hand – geknetet und schließlich acht bis zwölf Stunden getrocknet. Während des Trocknens werden die Blätter in regelmäßigen Abständen vorsichtig gewendet. Die grüne Farbe der Blätter bleibt bei dieser Methode fast vollständig erhalten. Beim Aufbrühen nimmt der chinesische

Verarbeitung von Teeblättern in Japan 1874: Säen – Düngen – Auspflanzen – Pflücken – Sieben – Sortieren – Erhitzen, Aufbrechen und Rollen der Blätter – Abkühlen.

Grüntee dann allerdings oft dennoch eine leicht orange Farbe an.

In Japan werden die Blätter unmittelbar nach dem Pflücken etwa fünf Sekunden lang über Wasserdampf gehalten. Der Effekt ist, dass dadurch die Tätigkeit der fermentierenden Enzyme sofort unterbrochen wird und das Blattgrün 100%ig erhalten bleibt. Danach wird der Tee zuerst heruntergekühlt und anschließend mit Heißluft getrocknet, während er regelmäßig aufgeschüttelt wird. Zum Schluss wird er vorsichtig gepresst. Anschließend wird er gerollt oder geschnitten. Die japanische Methode stoppt den Fermentierungsprozess noch schneller, bzw. entschiedener als die chinesische. Dadurch bleiben die Blätter noch grüner und der japanische Tee nimmt beim Aufguss eine zitronengelbe bis grünliche Farbe an. Sein Anteil an medizinisch wichtigen Katechinen und Wirkstoffen ist jedoch nicht höher als der des chinesischen Grüntees.

Bei der Teeverarbeitung braucht es zu jedem Zeitpunkt Fingerspitzengefühl, gleichzeitig muss sehr zügig sortiert werden, damit möglichst wenig Aroma verloren geht. Hier sortieren vietnamesische Frauen im zentralen Hochland Teeblätter nach Blattgrößen und Qualitäten.

DIE VERSCHIEDENEN FERMENTATIONSSTUFEN:

Grüner Tee: Die Blätter bleiben unfermentiert, man unterscheidet beim Unterbrechen des Fermentationsvorgangs die chinesische und die japanische Methode, s. o.

Weißer Tee: Die Blattränder werden leicht anfermentiert, weißer Tee wird in der Regel noch den Grüntees zugerechnet. Er bezeichnet dessen noch nicht oder gerade eben geöffnete Knospen. Diese jungen Blätter sind von einem hellen Flaum überzogen, welcher sie fast weiß erscheinen lässt. Auch der Aufguss ist extrem hell und mild.

Oolong: Die Blätter werden kurz anfermentiert, Oolong wird als halbfermentierter Tee zwischen grünem und schwarzem Tee eingeordnet.

Schwarzer Tee: Die Blätter werden aufgebrochen und bei ihrem natürliche Drang zur Fermentation unterstützt, die entsprechenden Oxidationsprozesse rufen blatteigene Enzyme auf den Plan, die sich hier frei entfalten können. Die dadurch entstehenden chemischen Veränderungen, verändern auch die Wirkstoffzusammensetzung des Tees. Schwarzer Tee ist ein vollständig fermentierter Tee.

Pu-Erh-Tee: – Auch „roter Tee" genannt – Er entsteht durch einen extrem verlangsamten Fermentationsprozess. Die Blätter werden zunächst an der Fermentation gehindert und erfahren dann eine längere Nachreife, die bis zu 50 oder 60 Jahre dauern kann. Fachleute bezeichnen Pu-Erh gerne als „post-fermentierten" Tee. Ihm werden besondere Heilwirkungen zugesprochen.

In guten Teegeschäften sind die Händler auch in der Lage eigene Teemischungen ganz nach Kunden-Wunsch herzustellen. Das setzt allerdings viel Erfahrung von Seiten der Kunden voraus. Wer wenig Erfahrung hat, greift auf bewährte Klassiker zurück.

Aromatisierter Tee

Das Wort „Aroma" kommt aus dem Griechischen und bedeutet „Gewürz" bzw. „wohlriechendes Kraut". Vor mehr als 800 Jahren begann man bereits in China, dem Tee solche Gewürze hinzu zu fügen. Doch das Aromatisieren von Tee ist unter den puristischen Teeliebhabern nicht unumstritten. Eine gute Aromatisierung von wahlweise schwarzen oder grünen Teesorten sollte den eigentlichen Charakter eines Tees nicht erdrücken, sondern harmonisch ergänzen. Meist verwendet man dazu natürliche ätherische Öle, die durch Bestandteile von Pflanzen, wie Blüten aber auch durch Gewürze hinzugefügt werden. Beim Aromatisieren von Tees gibt es drei verschiedene Möglichkeiten.

Die wohl älteste – und in Asien am häufigsten vorkommende – Variante ist das „Beduften" des Tees mit wohlriechenden Blüten (vor allem Jasmin, Rosenknospen, Cassiablüten, Magnolien, Chloranthus-Rispen und Orchideensamen). Hierbei wird der Tee auf feinem Seidenpapier ausgebreitet, in einem großen Gestell gestapelt und immer abwechselnd mit einem ebenfalls auf Seidenpapier ausgelegten Blütenteppich schichtweise übereinander gelegt. Nach 2-3 Tagen haben die stark duftenden Blüten ihr Aroma an den Tee abgegeben. Der dadurch entstehende, aromatisierte Tee wird „Scented Tea" genannt. Die zum Beduften verwandten Blüten werden zusätzlich getrocknet und als optische Zugabe unter den Tee gemischt.

Nach Europa kam der aromatisierte Tee um ca. 1830. Durch die Extraktionsmethoden aus der Parfümindustrie dieser Zeit war es möglich, von verschiedenen wohlriechenden Früchten ihre ätherischen Öle zu gewinnen und sie für die Teeveredlung einzusetzen. Die bekannteste Aromatisierung nach dieser Methode ist die des „Earl Grey": Dabei wird das durch die Kaltpressung von Schalen der Bergamottefrucht extrahierte Öl durch feine Zerstäuber auf das bereits geröstete Teeblatt aufgebracht und verleiht damit dem Tee seinen unverwechselbaren Geschmack. Doch der Earl hatte die Kombination nicht selbst erfunden, das Bergamottearoma soll schon von den Chinesen zugesetzt worden sein. Ein auf diese Weise aromatisierter Tee eignete sich besonders für die langen Überfahrten von China nach England, denn das Aroma überdeckte den Moder-, Fisch- oder Teergeschmack

Gewürze und Aromastoffe fördern den Duft und unterstützen den Wohlgeschmack unserer Getränke und Lebensmittel. Beim natürlichen aromatisieren von Tees gibt es vielfältigste Möglichkeiten: Ätherische Öle, Blüten und einige andere Pflanzenbestandteile eignen sich, Duft- und Geschmacksnoten zu verstärken.

31

der feuchten Laderäume in den Schiffen. Vor allem beim englischen Adel setzte sich die Geschmacksnote durch und zog auch im restlichen Europa weite Kreise.

Im Laufe der Zeit sind neben den Ölen der Zitrusfrüchte, auch andere ätherische Öle gewonnen worden, die einen wahrhaften Boom in der Teebranche nach sich zogen.

Die dritte Methode der Aromatisierung von Tee hat ihre größte Vielfalt in Indien entwickelt: Das Anreichern des Tees durch Gewürze. Der in Indien geschätzte Masala-Chai ist ein Prototyp dieser Variante. Der Tee wird mit stark zerkleinerten, bereits getrockneten Gewürzen wie z. B. Vanille, Zimt, Ingwer oder Kardamom angereichert. Nach ca. 3–4 Tagen hat der Tee den Geschmack des jeweiligen Gewürzes aufgenommen.

Der Einsatz künstlicher Aromen im Tee ist vom Gesetzgeber verboten, aber die Aromatisierung mit so genannten naturidentischen Aromastoffen ist erlaubt. Das bedeutet, die verwendeten Rohstoffe müssen zwar nicht natürlichen Ursprungs sein, aber die chemische Beschaffenheit des Endproduktes muss identisch sein mit einer in der Natur vorkommenden Substanz.

Im Laufe der Zeit entstanden immer neue Geschmacksrichtungen für den grünen wie auch den schwarzen Tee. Mittlerweile kann der Verbraucher aus vielen hundert verschiedenen aromatisierten Grün- und Schwarztees auswählen.

Südamerikanische und afrikanische Teesorten

Lapachotee …

… stammt von der Rinde des südamerikanischen Baumes „Tecoma lapacho". Seine anregende Wirkung auf das Immunsystem, ist inzwischen nachgewiesen, außerdem helfen seine Gerbstoffe bei Darminfekten und Durchfall. Lapachorinde enthält verschiedene keimtötende Substanzen aber auch Calcium und Eisen und kräftigt den Organismus insgesamt. Er schmeckt lieblicher als schwarzer und grüner Tee.

Zubereitung für 4 Tassen: Geben Sie 2 Esslöffel Lapacho-Tee in kochendes Wasser und lassen Sie den Tee 5 Minuten köcheln. Anschließend nehmen Sie ihn von der Kochplatte und lassen ihn weitere 20 Minuten ziehen.

Matetee

Der Matetee stammt von einer südamerikanischen Stechpalme namens „Ilex paraguariensis". Ähnlich wie grüner Tee enthält Matetee Koffein.

Algerische Frauen beim Tee – traditionell trinkt man Minztee mit schwarzem oder grünem Tee gemischt, der in kleinen Gläsern serviert wird.

Dieses Koffein ist im Gegensatz zu dem des Kaffees sehr viel verträglicher, wird vom Körper langsamer aufgenommen und schlägt auch bei häufigem Genuss nicht auf den Magen. Den schmackhaften Tee gibt es in gerösteter und in ungerösteter Form. Matetee wird häufig in Verbindung mit Diäten verwendet, weil er einerseits den Hunger dämpft, und andererseits den Stoffwechsel bzw. den Fettabbau anregt. Zusätzlich versorgt er den Körper mit wichtigen Vitaminen und Mineralstoffen.

Zubereitung für 1 Liter: Geben Sie drei Teelöffel Mate-Blätter in das heiße Wasser und lassen den Tee 5-10 Minuten ziehen und gießen ihn anschließend ab. Für den ersten Aufguss sollte das Wasser übrigens heiß, aber nicht kochend sein. Eine kurze Ziehzeit ergibt einen stärker wirkenden bzw. anregenderen Tee mit weniger kräftigem Geschmack, eine längere Ziehzeit lässt den Tee strenger schmecken.

Rooibuschtee wird an der Nordwestküste Südafrikas angebaut. Die Pflanze ähnelt einem Ginsterstrauch. Für den Tee werden die jungen Zweige geerntet und in der Sonne getrocknet. Der Tee hat eine goldrote Farbe, ist vollmundig und mild im Geschmack.

Rooibos-Tee

Der Rotbusch- bzw. Rooibos-Tee stammt von dem südafrikanischen Strauch „Aspalathus linearis". Er enthält weder Koffein noch allzuviele Gerbstoffe und schmeckt daher lieblicher als grüner oder schwarzer Tee. Zwei natürliche, zuckerfreie Süßstoffe sorgen dafür, dass sogar Babys ihn gerne trinken, ein idealer Familientee. Er soll außerdem eine antiallergische Wirkung besitzen. In der Südafrikanischen Medizin wird er in der Behandlung von Nesselsucht, Lebensmittelallergien und Darmkrämpfen eingesetzt.

Zubereitung für 1 Liter: 4 gehäufte Teelöffel Rooibostee mit sprudelnd heißem Wasser aufgießen, 3 Minuten ziehen lassen und danach durch einen Filter abgießen. Er eignet sich übrigens auch für die Zubereitung von Eistee.

PLE TEA
FEL TEE

LEMON SALT
ZITRONE SALZ

KiWi TEA

SPECIAL
SEX TEA

CHERRY TEA
KIRSCH TEA

ROSEM
ROSMA
BIBER

R
R

KEBAB
KEBAB
K

Wer guten Tee sucht, muss manchmal genauer hinschauen, was denn da angeboten wird: Nicht alles, was auf Märkten bunt und einladend daherkommt, hält, was es verspricht …

Kräutertees

Laut ISO-Norm 3720 dürfen ausschließlich die Blätter und der Aufguss der Tee-Pflanzen Camellia sinensis und Camellia Assamica als Tee bezeichnet werden. Alle Teesorten aus anderen Pflanzen bzw. Pflanzenteilen, wie zum Beispiel Kräutern oder Blüten, die mit heißem Wasser ein Getränk ergeben, fallen in die Kategorie „Teeähnliche Erzeugnisse".

Hier darf das Wort „Tee" nur in der Kombination mit anderen Begriffen wie z.B. „Kräuter-Tee" und „Früchte-Tee" verwendet werden. Die Vielfalt und die umfangreichen Möglichkeiten, die sich rund um diese „Teeähnlichen Erzeugnisse" ranken, würden den hier gesteckten Rahmen sprengen und werden deshalb nicht ausführlicher behandelt.

Inhaltsstoffe des Tees

Die Wirkungen von Tee, sind bisher nur ansatzweise erforscht. Seine positiven Eigenschaften reichen, soweit man es heute erkennen kann, vom Schutz vor Karies bis hin zur Krebsvorsorge.

Das frisch gepflückte Teeblatt hat ca. 22–25 % feste Bestandteile und besteht zu 75–78 % aus Wasser. Interessant ist, dass Tee eigentlich keinen Nährwert besitzt, anders formuliert: Er hat keine Kalorien. Man kann sich also mit dem Genuss von Tee einige physiologisch wichtige Vitalstoffe zuführen – ganz ohne schlechtes Gewissen.

POLYPHENOLE

Inhaltsstoffe des Tees sind vor allem die Gerbstoffe, die in Wasser löslichen Polyphenole und darunter besonders die Catechine, denen die meisten gesundheitsfördernden Wirkungen zugschrieben werden. Aufgebrühter, grüner Tee enthält ungefähr 30–40 % Catechine. Hierzu gehören neben dem Epigallocatechingallat (EGCG) – einem hochwirksamen, bioaktiven Polyphenol – das Epicatechin (EC), das Epigallocatechin (EGC) und das Epicatechin-3-gallat (ECG). Durch Fermentationsprozesse bei der Herstellung von schwarzem Tee wird ein großer Teil der Catechine in Theaflavine und Thearubigine umgewandelt. Be-

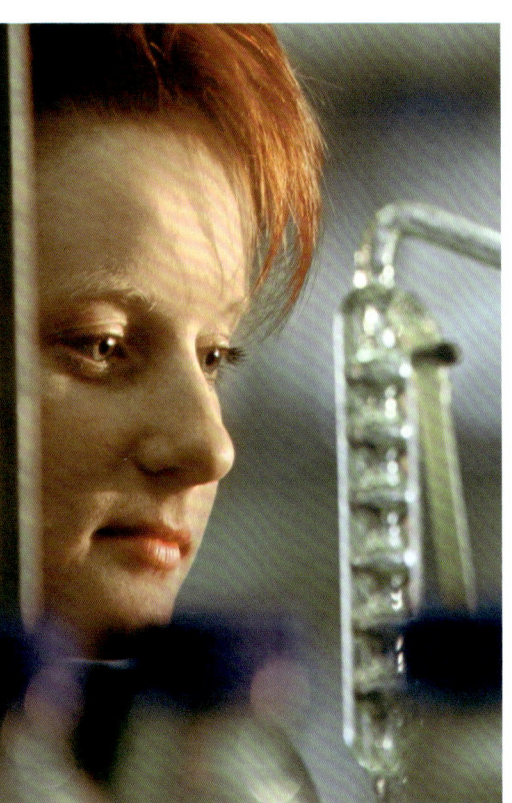

kannt aus dieser Gruppe ist das Rutin, das heute bei Erkrankungen wie Bluthochdruck, Arteriosklerose oder Diabetes eingesetzt wird. Die Rutinaufnahme bei einem Konsum von ca. 1 Liter Tee am Tag ist mit derjenigen vergleichbar, die durch 10–20 mg Knoblauchtabletten erreicht wird.

In einigen wissenschaftlichen Studien verdichten sich die Hinweise, dass die polyphenolische Substanzen im Tee schützende Eigenschaften in vielen Krankheitsbereichen zu bieten haben, die molekularen Wirkungsmechanismen der Teepolyphenole und anderer Flavonoide sind allerdings bisher nur in Ansätzen erforscht. Diese schützenden Eigenschaften und ihre zellulären Konsequenzen können, soweit man heute erkennen kann, von Entzündungshemmung bis hin zur Tumorwachstumshemmung reichen.

Man hat festgestellt, dass Teegetränke sogar eine deutlich höhere antioxidative Wirkung haben können als die meisten Früchte oder Gemüsearten. Je mehr man von der Wirkungsweise des Tees weiß, desto wahrscheinlicher wird es, dass der regelmäßige Genuss von Tee den Körper nicht nur vor degenerativen Alterserkrankungen, sondern auch vor Herz- und Kreislauferkrankungen oder Krebs schützen hilft. Auch bei Zahnschäden, Stoffwechselerkrankungen wie Rheuma und Gicht oder Magen-Darm-Beschwerden und Osteoporose hat Tee eine medizinisch positive Wirkung.

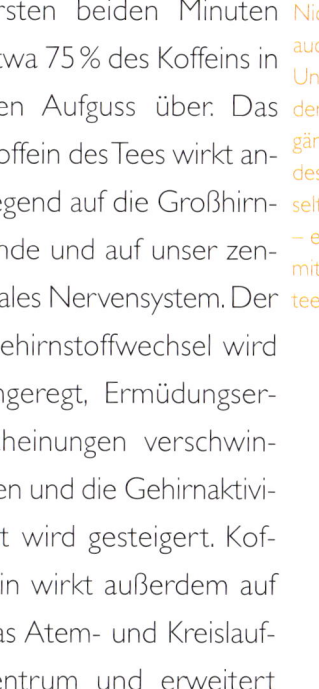

KOFFEIN

Außerdem enthält Tee reichlich Alkaloide: Ein Liter Tee enthält zwischen 150 und 350 mg Koffein. Entkoffeinierter Tee enthält meist weniger als 5 mg. Nach dem Aufgießen des Tees mit kochendem Wasser gehen schon in den ersten beiden Minuten etwa 75 % des Koffeins in den Aufguss über. Das Koffein des Tees wirkt anregend auf die Großhirnrinde und auf unser zentrales Nervensystem. Der Gehirnstoffwechsel wird angeregt, Ermüdungserscheinungen verschwinden und die Gehirnaktivität wird gesteigert. Koffein wirkt außerdem auf das Atem- und Kreislaufzentrum und erweitert die Blutgefäße. Gegenspieler des Koffeins sind die Gerbstoffe im Tee: Sie vermindern die Wirkung des Koffeins und sind für die beruhigende Wirkung zuständig. Bei längeren Ziehzeiten (bis zu fünf Minuten) werden auch die Gerbsäuren

Nicht nur beim Wein, auch beim Tee gibt es Unterschiede zwischen den verschiedenen Jahrgängen. Der Geschmack des Grüntees entschlüsselt sich erst mit der Zeit – eine Erfahrung, die man mit zunehmendem Grünteekonsum gewinnt.

gelöst und gehen mit dem Koffein eine Verbindung ein, die vom Körper weniger leicht aufgenommen wird. Dadurch ist die Wirkung des Koffeins bei länger ziehendem Tee wesentlich schwächer.

Die britische Supermarktkette Sainsbury's startete 1869 mit einem Geschäft in London, als der Gründer starb, besaß er 128 Filialen. Tee, Zucker und andere Kolonialwaren, wurden in diesen Läden im großen Stil gehandelt.

VITAMINE, ÄTHERISCHE ÖLE ETC.

Darüber hinaus enthält Tee ätherische Öle, Mineralien, Spurenelemente und einige Vitamine wie zum Beispiel Thiamin (B1), Riboflavin (Vitamin B2), Nikotinsäure, Biotin und Inosit vor allem aber Vitamin C. Erstaunlich ist, dass Vitamin C im Teeaufguss voll erhalten bleibt und nicht wie sonst bei ca. 60 °C zerfällt.

Ein hoher Prozentsatz der im Tee vorhandenen Vitamine wird durch die Oxidation bei der Fermentation zerstört. Daher ist der Vitaminanteil im schwarzen Tee deutlich niedriger als im grünen Tee. Dies gilt vor allem für die Vitamine B1, B2 und Vitamin C. Die enthaltenen Mineralstoffe, die etwa fünf Prozent der Trockensubstanz ausmachen, sind Kalium, Kalzium, Magnesium und Fluor, aber auch Zink und Mangan sind enthalten. Die ätherischen Öle im Tee geben ihm seinen spezifischen Duft und sein spezielles Aroma. Im erkalteten Tee entsteht häufig ein trübender Film auf der Teeoberfläche, dieser Film wird im Teehandel „Cream" genannt und besteht hauptsächlich aus Anteilen des Koffeins und der ätherischen Öle. Diese „Cream" ist normalerweise ein Zeichen für eine gute Qualität besonders des schwarzen Tees.

Tee: Wirkung auf Körper und Seele

KREBSMITTEL TEE?

Die Teepflanze enthält wie oben schon gezeigt zahlreiche Radikalenfänger. Beim Teetrinken übernehmen wir seine biochemische Ausrüstung gegen freie Radikale, dadurch bietet er uns einen wirksamen Schutz gegen alle Krankheiten, die mit diesen aggressiven Substanzen zusammen hängen, wie etwa Arteriosklerose, Herzinfarkt oder Krebs. Besonders wichtig sind hierbei Polyphenole wie das oben schon genannte Epigallokatechingallat (EGCG), dessen Wirkung übrigens eingeschränkt ist, wenn man den Tee mit Milch trinkt. Auch die Verbreitung von Krebszellen über die Blutbahnen – die so genannte Metastasierung – wird durch den Wirkstoff EGCG offensichtlich reduziert.

Außerdem reduziert sich durch den Genuss von Tee die Ablagerung von radioaktivem Strontium in den Knochen. Auch hier hindert der Teewirkstoff EGCG das Krebs auslösende Metall daran, aus dem Darminhalt ins Blut überzuge-

Vieles spricht dafür, das regelmäßige Teetrinken in den Alltag zu integrieren, in vielen Nationen ist das seit Jahrhunderten selbstverständlich und gehört zur Tradition.

hen. Grüner Tee kann außerdem von den ultravioletten Strahlen der Sonne schützen. Das Risiko von Hauttumoren wird dadurch gesenkt, wobei der Effekt sowohl durch das Teetrinken als auch durch das Auftragen einer Tee-Salbe erreicht werden kann. All diese Wirkungen des Tees sind z.Z. noch sehr umstritten, aber es empfiehlt sich, während des Abwartens der finalen Ergebnisse schon einmal den einen oder anderen Tee zu trinken.

TEE GEGEN MUNDGERUCH UND KARIES?

Laut einer Studie der Technology National Taiwan University hat Tee tatsächlich gewisse Qualitäten eines Munddeodorants. Am besten schnitten in dieser Hinsicht Schwarztee und Oolong ab. Offenbar sind Teepolyphenole in der Lage, Geruchsstoffe an sich zu binden. Wer also bei einem knoblauchhaltigen Essen den Geruch reduzieren möchte, sollte unbedingt eine Tasse Tee dazu trinken, der geruchshemmende Effekt soll etwa zwei Stunden anhalten.

Hauptursache für Karies ist ein starker Mineralverlust im Zahnschmelz. Er wird ausgelöst durch Einfachzucker und die Säuren von Mundbakterien, die sich von Zucker ernähren. Die schon vielfach genannten Polyphenole von grünem und schwarzem Tee sind in der Lage, die Tätigkeit des Enzyms Amylase zu hemmen. Amylase befindet sich im menschlichen Speichel und wandelt Kohlenhydrate aus der Nahrung in einfachen Zucker um, der dann von den Kariesbakterien verwertet wird. Schon eine einfache Tee-Mundspülung nach dem Essen führt dazu, dass das Wachstum der Kariesbakterien gebremst

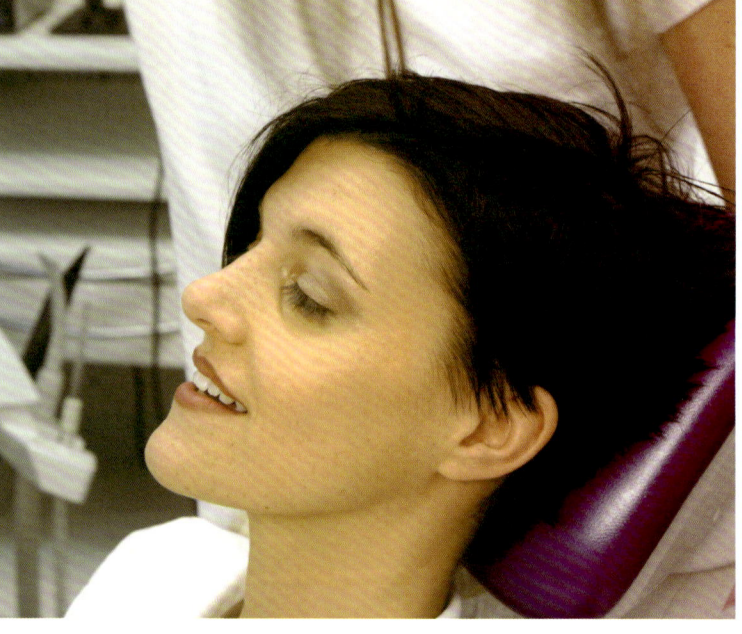

Schon eine einfache Tee-Mundspülung nach dem Essen führt dazu, dass das Wachstum der Kariesbakterien gebremst wird.

wird. Hier haben übrigens die komplexen Polyphenole des schwarzen Tees eine stärkere Wirkung als die einfachen des grünen Tees. Tee bietet übrigens noch ein zusätzliches Plus, was den vorbeugenden Schutz gegen Karies angeht, denn er enthält größere Mengen an Fluor. Das Mineral erhöht bekanntlich die Widerstandsfähigkeit des Zahnschmelzes gegenüber den Säuren und hilft bei der Remineralisierung der Zähne.

EIN FUSSBAD AUS SALBEI UND GRÜNTEE …

Ein erprobtes Hausrezept gegen Fußpilz sind die Wirkstoffe von Salbei und Grüntee in einem Fußbad: Geben Sie 4 Esslöffel grünen Tee und 2 Esslöffel Salbeiblätter in eine große Schüssel und gießen sie so viel heißes Wasser darüber, dass das Wasser Knöchelhoch in der Schüssel steht. Das Wasser muss auch zu Beginn der Prozedur nicht kochend heiß sein. Lassen Sie den Aufguss 5 Minuten ziehen und setzten Sie anschließend ihre Füße in die Schüssel. Die Dauer der Anwendung sollte ca. 10 Minuten betragen, anschließend die Füße gut abtrocknen.

Tee wirkt sich nachweislich positiv auf den Blutzuckerspiegel aus, die Bildung von Einfachzuckern aus Kohlenhydraten wird durch ihn reduziert – vorausgesetzt man trinkt ihn nicht mit viel Zucker …

TEE UND DIABETES

Bei Diabetikern, die regelmäßig grünen Tee trinken, zeigt sich nach einiger Zeit eine deutlich geringere Zuckerkonzentration im Urin. Diese blutzuckersenkende Wirkung von Tee begründet sich ebenfalls in der Fähigkeit von EGCG, das Enzym Amylase zu hemmen, das dafür zuständig ist, die Kohlenhydrate aus der Nahrung in einfache Zucker umzuwandeln. Tee verhindert also, dass aus komplexen Zuckermolekülen, wie sie beispielsweise in Bananen, Brot oder Kartoffeln vorkommen zu viele Einfachzucker gebildet werden. Diese Zuckermoleküle würden ansonsten sofort in den Blutkreislauf aufgenommen und damit den Blutzuckerspiegel erhöhen. Der Tee schützt natürlich nicht vor den einfachen Zuckermolekülen, die durch Süßigkeiten direkt ins Blut gelangen. Schwarzer, grüner und Oolong Tee bewirken übrigens außerdem nachweislich eine Verbesserung der Insulinsensitivität.

DIÄTEN UND TEE

Tee schmeckt nicht nur gut, er ist auch extrem kalorienarm, er enthält wertvolle Stoffe zur Nahrungsergänzung und ist daher ein idealer Begleiter für Diäten.

Ein wichtiger Prozess in der Nahrungsverwertung ist die schon genannte Umwandlung von komplexen Kohlenhydraten in Einfachzucker. Dieser Prozess ist gut für uns, solange der Körper nicht von Einfachzuckern regelrecht überschwemmt wird, denn ansonsten steigt der Blutzuckerspiegel kurzzeitig sehr steil an, und fällt direkt danach genauso schnell wieder ab. Dieser Effekt lässt den Körper Insulin ausschütten und produziert Hungergefühle, auch wenn eigentlich

ausreichend Nährstoffe im Körper vorhanden sind.

Hier setzt die Wirkung von Tee an: Er blockiert ein Enzym, das die komplexen Kohlenhydrate in Einfachzucker umwandelt und der Blutzuckerspiegel bleibt unter dem Einfluss von Tee relativ konstant. Außerdem erhöht grüner Tee die Fettoxidation, bzw. den Transport und die Verbrennung von Fetten. Einige Studien zeigen, dass ein

Extrakt aus grünem Tee, angereichert mit dem Catechin Epigallocatechingallat (EGCG), die Reduktion von Körpermasse und -fettgehalt begünstigt. Wer zum Beispiel vor seinem Workout grünen Tee zu sich nimmt, erreicht damit eine höhere Umwandlung von Fett in Energie.

Eins ist allerdings klar: Das Trinken von Tee ist kein Ersatz für eine gesunde und ausgewogene Ernährung. Er eignet sich bestens als diätunterstützende Maßnahme, aber ohne eine entsprechende Ernährungsumstellung und sportliche Betätigung hat auch der Tee keine ausreichende Diät-Wirkung.

REDUZIERT TEE DIE AUFNAHME VON EISEN?

Den Polyphenolen im grünen und schwarzen Tee wird immer wieder nachgesagt, dass sie zu Eisenmangel führen können. Eine Studie der Universität Jena widerlegt allerdings laut einer Veröffentlichung des deutschen Teeverbandes dieses Vorurteil: „Teetrinker mit ausreichender Eisenversorgung brauchen keine Angst vor Eisenmangel zu haben." Personen mit Problemen bei der Eisenversorgung müssen zwar nicht auf das beliebte Getränk verzichten, sollten den Tee aber nach Möglichkeit nicht zum Essen trinken, sondern mit einem zweistündigen Abstand nach dem Essen genießen. Eine negative Auswirkung des Teekonsums auf den Eisenstoffwechsel des Menschen wurde bisher nur in sehr wenigen Fällen und nur bei extremen Ernährungsgewohnheiten oder bei besonders hohem Teekonsum nachgewiesen. Außerdem begünstigt Vitamin C die Aufnahme von Eisen, und dieses Vitamin zählt zu den großen Stärken, zumindest des grünen Tees.

Tee eignet sich als Getränk für die ganze Familie und ist in seinem Variantenreichtum ein idealer Begleiter für den Arbeits- oder Schul-Tag.

43

Pestizidbelastung und Rückstände im Tee

Im Februar 1999 erschütterte eine Studie der Stiftung Warentest die Teewelt mit ihrer Feststellung, dass über die Hälfte der in Deutschland verkauften Tees mit Pestiziden belastet sei. Andreas Hensel, der Präsident des Bundesinstituts für Risikobewertung sieht die Situation so: „Die Rückstandshöchstgehalte – also die Restmengen an Pestiziden, die auf den Lebensmitteln erlaubt sind – sind deutlich niedriger angesetzt als die Konzentration bei der ein Risiko für die Verbraucher nicht mehr auszuschließen wäre. (...) Toxikologische Grenzwerte sind mit einem relativ großen Puffer versehen. Der Sicherheitsfaktor beträgt meist 100 als Abstand zu beobachteten Effekten.“ Und: „Der für den Gesundheitsschutz des Menschen maßgebliche Grenzwert ist mindestens 100-fach niedriger, als die Dosis, die bei der empfindlichsten Tierart ohne erkennbar schädliche Wirkung war.“ Er betont, dass die Belastung im Vergleich mit Nahrungsmitteln, die z.B. gegrillt, geröstet oder geräuchert wurden wesentlich geringer ist: „Wenn wir als Toxikologen Zubereitungsverfahren wie Backen, Grillen, Rösten oder Räuchern bewerten müssten, würden wir diese normalen Küchentechniken vermutlich verbieten.“

Man kann auf jeden Fall ganz klar sagen: Tee ist in Deutschland eines der bestkontrollierten Lebensmittel. Der Tee, der hier auf den Markt kommt, wird genau wie andere Lebensmittel nach festgelegten Stichprobenverfahren auf Rückstände kontrolliert. Das Prädikat „kbA“ (kontrolliert biologischer Anbau), das für

Bio-Tees eingesetzt wird, bezieht sich allerdings ausschließlich auf die Art des Anbaus und gibt keine Gewähr in Bezug auf die Rückstandsbelastung. Das heißt, unter dem Prädikat „Bio-Tee" sind Pestizidrückstände laut EÖV (EG-Ökologie-Verordnung) nicht 100-prozentig ausgeschlossen. Daher bietet das Etikett „Rückstandskontrolliert" etwas mehr Schutz vor Pestiziden, als das Etikett „aus ökologischem Anbau", da die ökologischen Landbau-Flächen zum Teil Jahre brauchen, bis die Pestizidbelastung der Jahrzehnte zuvor keine negative Auswirkung mehr haben.

Erfreulich ist, dass in immer mehr Teegärten und Teeplantagen Methoden eingesetzt werden, die ein rein biologisches Produzieren ermöglichen: Gegen das Unkraut legt man Stroh- oder Bastmatten aus und die Insektizide werden durch den Einsatz natürlicher Insektenvertilger wie z.B. Frösche oder Eidechsen ersetzt. Wer darauf achtet, Bio-Tee zu trinken, tut außerdem etwas für die Tiere und Menschen der Teean-

baueregionen, denn wo keine Pestizide genutzt werden, leiden auch die Tiere und die Ernter nicht unter den giftigen Stoffen.

Der Deutsche Teeverband e.V. setzt sich übrigens seit über 10 Jahren intensiv und erfolgreich für die Minimierung des Einsatzes von Pflanzenschutzmitteln im Teeanbau ein. Die klimatischen und strukturellen Bedingungen in den Anbauländern sind sehr unterschiedlich, so dass nicht überall völlig auf den Einsatz von Pflanzenschutzmitteln verzichtet werden kann. Die Regelungen in Deutschland und entsprechend strenge Vorgaben stellen sicher, dass alle Lebensmittel auf dem Markt gesundheitlich unbedenklich sind. Weitere Informationen:

Deutscher Teeverband e.V.
Sonninstraße 28
20097 Hamburg
Tel.: 040/ 23 60 16 – 34,
Fax: 040/ 23 60 16 – 10
Mail: tee@wga-hh.de
www.teeverband.de

Wer darauf achtet Biotee zu trinken, tut auch etwas für die Tiere und Menschen der Teeanbauregionen, denn wo keine Pestizide eingesetzt werden, leiden auch Tiere und Ernter nicht unter den giftigen Stoffen.

Tee-Auktionen

Bild rechts:
Teetester, 1920 in London
– Die Tester auf der linken
Seite arbeiten sich entlang
der Reihe von Teetassen
durch, hinter denen
jeweils die „Infusion" zur
Ansicht platziert ist. Auf
der rechten Seite stehen
drei Männer bereit, die
Testergebnisse aufzu-
schreiben.

Tees werden ausschließlich in China zu festen Preisen über staatliche Verkaufsstellen vertrieben, in den anderen großen Teeanbauländern wird der Tee meist in Auktionen gehandelt. Die einzelnen Teegärten schicken ihre Ernten an die Börsenplätze Kalkutta und Kochi in Indien, Colombo in Sri Lanka, Mombasa in Kenia und Djakarta in Indonesien, wo ein Mal pro Woche die entsprechenden Teeauktionen stattfinden. Die europäischen Umschlagplätze sind London und Amsterdam. Die Auktionsbroker schicken den internationalen Importeuren Proben der zu versteigernden Tees zur Verkostung zu. Jeder interessierte Importeur kann dann anhand der dazugehörigen Listen sein Interesse und sein Preislimit bekannt geben. Bei diesen wöchentlichen Auktionen werden manchmal bis zu 10.000 Tonnen besten Tees gehandelt.

Bevor jedoch die Gebote herausgegeben werden, sind die Teetester gefragt: Sie müssen die Qualität der Ware einschätzen und in Bezug auf ihren Preis bewerten.

Solange die Dominanz des
britischen Weltreiches unge-
brochen war, konnten sich
die Briten die Rohstoff-
märkte der Welt sichern.
Erst ab 1870 mussten sich
die britischen Schlüssel-
industrien erstmals mit der
ausländischen Konkurrenz
auseinandersetzen.

46

TEEVERKOSTUNG – QUALITÄT AUF DEM PRÜFSTAND

Über 30.000 Teegärten gibt es weltweit und die Qualität der angebotenen Tees wird bis heute durch professionelle Teetester – engl.: „Teataster" – festgestellt. Die Ware Tee variiert geschmacklich von Ernte zu Ernte ungemein, dem-

Die Ausbildung zum Teetester dauert etwa fünf Jahre. Er verkostet und beurteilt 200 bis 300 Tassen Tee pro Tag. Während der Hochsaison können es auch schon einmal 600 Tassen sein!

entsprechend gestalten sich die Preise sehr unterschiedlich.

Schon während der Ernte wird der neue Tee auf jeder Parzelle des jeweiligen Teegartens verkostet. Bevor er bei uns in den Einzelhandel kommt, wird er zuerst durch einen Makler geprüft, und dann noch zwei bis vier Mal vom Importeur. Natürlich ist jeder Händler, der ein gut sortiertes Teegeschäft führt, in der Lage, Tee zu verkosten und zu beurteilen. Das Verkosten von Tee ähnelt den Vorgängen bei einer Weinprobe: Der Tester schaut sich den angebotenen Tee an, riecht an ihm, schlürft und probiert ihn und spuckt ihn anschließend wieder aus.

Um eine Vergleichbarkeit herzustellen, hat sich weltweit eine einheitliche Test-Prozedur eingebürgert: Überall wird ein gängiges Standardgeschirr benutzt, ein Standardmaß und dieselbe Ziehzeit. Der Vorgang des Verkostens läuft folgendermaßen ab:

Vorbereitung und Abwiegen

Das Teemuster wird mit einer Handwaage abgewogen, Gegengewicht ist traditionell ein Sixpence-Stück von 2,86 Gramm. Hier wird einmal mehr die lange Teetradition des britischen Empire deutlich.

Verkostung in Hamburg – Tee wird mindestens drei Mal getestet: 1. nach der Herstellung im Teegarten, 2. vor der Auktion vom Auktionator und den potentiellen Kunden, 3. beim Teepacker.

Das Prüfen des trockenen Blatts

Der Tester legt neben das Probiergeschirr auch eine Schale mit den trockenen Blättern. Diese Blätter müssen ausnahmslos dem angegebenen Blattgrad entsprechen, auch Farbe und Aussehen werden bewertet. Außerdem überprüft der Tester die Sauberkeit des Tees: Es dürfen keine Stängel oder andere Stückchen oder womöglich Staub im Blattgut zu finden sein.

Aufgießen – „Abdeckeln" – Abgießen

Die Teeblätter werden in einem Porzellanbecher mit sprudelnd kochendem Wasser aufgegossen und mit einem Deckel verschlossen. Grüner Tee zieht drei Minuten, schwarzer Tee bis zu fünf Minuten. Nach dem Ende der Ziehzeit wird der Tee mit zugehaltenem Deckel abgegossen. Das Aussehen, der Geruch und die Beschaffenheit der abgegossenen Teeblätter ist ein weiteres wichtiges Indiz für die Urteilsbildung, daher wird der Deckel mit dem abgegossenen Teeblättern – die so genannte „Infusion" – ebenfalls begutachtet. Auch hier ist der Geruch entscheidend: Es darf kein Fremdgeruch erkennbar sein, der zum Beispiel vom Transport oder von einer falschen Lagerung herrührt.

Das Probieren

Das Wichtigste ist natürlich das Verkosten des Tees selbst. Er wird entweder mit einem Löffel entnommen oder gleich aus der Tasse geschlürft. Der Tester überprüft Geschmack, Geruch, Farbe und Leuchtkraft des Aufgusses, seinen Charakter und seine Kraft, also das ganze Spektrum, mit dem sich das Tee-Aroma beschreiben lässt.
Schlürfen ist erlaubt, denn durch die Vermischung des Tees mit dem Sauerstoff entwickelt sich mehr Aroma und die Geschmacksnerven werden stimuliert. Zum Abschluss wird der Tee – wie bei der Weinprobe – wieder ausgespuckt und ein Urteil gefällt.

Das Einmaleins des Tees

DAS WASSER

Eine Tasse Tee besteht fast zu 99 % aus Wasser, deshalb hat das Wasser den größten Einfluss auf den Geschmack eines Tees. Daher sollte das verwendete Wasser hohen Anforderungen genügen und das Aroma des Getränks optimal unterstützen. Gutes Wasser ist frisch, sauerstoffhaltig, reich an Mineralien und hat einen niedrigen Härtegrad. Die ideale Wasserhärte liegt bei einem Härtegrad von ca. 8 Grad, weicheres Wasser verursacht einen bittereren Geschmack, zu viel Kalk hingegen oder ein hoher Chlorgehalt verhindern, dass sich das Aroma des Tees voll entfalten kann. Je höher die Grad-Zahl, desto härter ist das Wasser. Bei höheren Härtegraden sollten Sie das Wasser mit einem Filter entkalken oder mineralstoffarmes, stilles Mineralwasser aus Flaschen verwenden. Echte Teekenner in London können

dem Teefreund sogar den passenden Tee zum hauseigenen Leitungswasser empfehlen: Wer einem solchen Profi Vorort und Straße verrät zusammen mit dem Hinweis, ob er den Tee lieblich oder stark mag, schlägt dieser in seinem Heft nach und antwortet: „Dann empfehle ich Ihnen diesen Tee, Madam. Der harmoniert am besten mit Ihrem Geschmack – und Ihrem Leitungswasser."

TEEKANNE UND CO.

Bei der Wahl der Teekanne ist es wichtig, dass die Teeblätter reichlich Platz haben, sich voll zu saugen und sich zur Gänze auszudehnen. Bei grünem Tee sollte die Kanne nicht mehr als einen halben Liter fassen, denn dann schmeckt er am besten. Am verbreitetsten sind Kannen aus Porzellan, aber Kenner schätzen auch Kannen aus Steingut, deren Poren etwas von dem Aroma aufnehmen und den Geschmack dadurch intensiver

Sauberes Wasser bedeutet Lebensqualität: Der Mensch braucht zwei bis drei Liter Flüssigkeit am Tag, damit die Zellen regenerieren und sich von Fremd- und Giftstoffen befreien können, Wasser und Tee bedeuten da Wellness von innen.

machine. Glaskannen haben den Vorteil, dass man dabei zuschauen kann, wie sich der Tee im Wasser entfaltet, besonders schön ist das zum Beispiel bei Gunpowdertee, dessen zu Kugeln gerollte Blätter sich im Wasser überraschend schnell öffnen oder bei Tees mit Blüten. Beim Tee namens „Kaihua Longding", kann man nur bei einer Glaskanne verfolgen, ob sich die Blätter tatsächlich senkrecht aufstellen, ein Qualitätsmerkmal dieses Tees.

Für Vieltrinker lohnt sich die Anschaffung einer Teekanne mit großem Sieb: Der Tee ist schnell gemacht, die Teeblätter haben optimal Platz, so dass sich das Aroma bestens entfalten kann, und die Kanne ist sofort servierfertig.

Die Reinigung der Kanne

Teegeschirr sollte grundsätzlich nur mit heißem Wasser und ohne Spülmittel gereinigt werden. Besonders wenn es sich um Steingutkannen handelt, bleiben sonst Reste der Lauge in der Kanne und verderben den Teegeschmack.

DIE ZUBEREITUNG

Die falsche Zubereitung kann den Geschmack eines Tees regelrecht verderben. Eines der häufigsten Probleme ist die zu hohe Dosierung. Wer seinen Tee nach der Faustformel „ein Löffel pro Tasse und ein Löffel extra für die Kanne" zubereitet, wird feststellen, dass die meisten Tees viel zu stark werden. Ein weiterer weit verbreiteter Fehler ist das Aufgießen von manchen Grüntees mit kochendem Wasser.

Als Grundregel für die Zubereitung von schwarzem Blatt-Tee sollte man die folgende Anleitung beherzigen: Für eine Kanne, die 1,5 Liter fasst, nimmt man vier gut gehäufte Teelöffel Tee, übergießt ihn mit sprudelnd kochendem Wasser und lässt ihn drei Minuten ziehen. Bei Broken-Tees sollte man etwas weniger Tee verwenden.

Für Grüntee ist die folgende Zubereitung zu empfehlen: Für eine Kanne der gleichen Größe nimmt man zwei leicht gehäufte Teelöffel Grüntee, kocht Wasser auf und lässt es anschließend

Ein chinesisches Sprichwort sagt: „Man trinkt den Tee, damit man den Lärm der Welt vergisst."

51

drei bis fünf Minuten leicht abkühlen. Anschließend übergießt man den Tee damit und lässt ihn drei Minuten ziehen.

Für beide Tees gilt: Wenn die Blätter in der Kanne herabsinken, ist der Tee fertig.

Bei Grüntee gibt es allerdings reichlich Ausnahmen von der oben genannten Faustregel. Die optimale Ziehzeit lässt sich nämlich nicht einheitlich angeben und kann abhängig von der Sorte zwischen 20 Sekunden und 5 Minuten liegen. Je nach der Zieh-Dauer wirkt der Tee dann natürlich unterschiedlich stark anregend. In den ersten zwei bis drei Minuten wird vor allem das Koffein gelöst und sorgt für den anregenden Effekt. Erst danach lösen sich langsam die im Teeblatt enthaltenen Tannine und reagieren mit dem Koffein. Je länger der Tee zieht, desto geringer wird daher der Anteil an „nutzbarem" Koffein. Der 5-Minuten-Tee wirkt also nicht beruhigend, sondern nur nicht anregend.

Bei einigen grünen Tees ist übrigens der zweite Aufguss der Beste – der erste wird in diesen Fällen mit wenig Wasser aufgegossen und sofort weggeschüttet – der erste „entrollt" den Tee, der zweite bringt das Aroma zutage, in Japan sagt der Volksmund: „Die erste Tasse ist für den Feind, die zweite Tasse für den Freund." Gute Grüntee-Sorten können 2 bis 4-mal aufgegossen werden und enthalten dann immer weniger Koffein. Bei den späteren Aufgüssen sollte die Wassermenge um mindestens 1/3 reduziert werden, damit der Tee noch einen gehaltvollen Geschmack hat.

Beim grünen Tee ist der zweite Aufguss – meist – der beste, der erste wird daher gern mit wenig Wasser aufgegossen und nach der Ziehzeit weggeschüttet.

Tee in Teebeuteln

Im Jahr 1904 kam der amerikanische Teehändler Thomas Sullivan auf die Idee, Teeproben für seine Kunden in kleinen Seidensäckchen abzupacken. Die Idee, den Tee in solchen vorgefer-

Teebeutel enthalten keine „Reste", sondern meist dunkle, schnell ziehende Dust- oder Fanningssorten. Es gibt auch Teebeutel zum selbst befüllen, so können Sie ihren Lieblingstee zum Convenience-Produkt machen.

tigten Portionen aufzubrühen, erwies sich bei den praktisch veranlagten und geschäftstüchtigen Amerikanern als ungeheuer erfolgreich und der Teebeutel trat seinen Siegeszug um die Welt an.

Heute ist das Tee-Convenience-Produkt Teebeutel in den vielfältigsten Varianten, Qualitäten und zu den verschiedensten Preisen zu haben. Der grüne Tee ist hier allerdings eine Seltenheit – Schwarztee ist der klassische Teebeuteltee. Die Teebeutel enthalten keine „Reste", sondern meist dunkle, schnell ziehende Dust- oder Fanningssorten. Sie können genauso gute Teequalitäten enthalten, wie sie bei losem Tee zu finden sind. Der Preis von Tees in Teebeuteln ist allerdings meist unverhältnismäßig hoch, gemessen an der Blattqualität, die sie enthalten.

RICHTIGE LAGERUNG UND HALTBARKEIT

Tee ist sehr empfindlich und nimmt Fremdgerüche und Aromen schnell an, deshalb sollte er in gut verschließbaren Behältern kühl, dunkel und trocken aufbewahrt werden. Trockener Tee ist sehr lange lagerfähig, auch sein Koffeingehalt verändert sich durch die Lagerung kaum. Zur Aufbewahrung eignen sich Dosen aus Holz, Porzellan oder speziellem Blech, das nicht korrosionsgefährdet ist. Die optimale Temperatur ist eine Zimmertemperatur um die 19-20 Grad. In einer Teedose sollte möglichst immer dieselbe Teesorte gelagert werden, damit sich die Aromen nicht ungewollt vermischen. Der Behälter sollte auch auf keinen Fall mit Spülmittel, bzw. Spülwasser gereinigt werden. Zum Reinigen der Dose reicht das Auswischen mit einem trockenen Tuch. Aromatisierte Tees haben übrigens eine deutlich kürzere Haltbarkeit.

Ein kleiner Tipp: Beschriften Sie die Dose mit dem Namen, der Sorte und dem Kaufdatum, so gerät nichts durcheinander und Sie behalten auch nach längerer Lagerung den Überblick.

Zur Aufbewahrung eignen sich Dosen aus Holz, Porzellan oder speziellem Blech, das nicht korrosionsgefährdet ist.

DIE RICHTIGE TAGESDOSIS

Wer die gesundheitlichen Vorzüge von grünem Tee voll nutzen will, darf und sollte täglich 4 Tassen à 150 ml trinken.

Aber auch sechs bis sieben Tassen grüner Tee täglich, gelten als unbedenklich, vor allem wer aus einer Portion Teeblätter mehrere Aufgüsse zubereitet, kann auch mehr als einen Liter trinken, denn die Menge des Koffeins ist im zweiten und dritten Aufguss deutlich reduziert.

Weiteres Tee-Zubehör

TEEEI, TEEZANGE ODER BAUMWOLLNETZ?

Teeeier sind meist so klein, dass man die Teeblätter regelrecht in das Ei hineinstopfen muss. Das bedeutet, wenn das Wasser eindringt, quillt das trockene Teeblatt auf und will sich ausdehnen, doch das Tee-Ei bietet viel zu wenig Platz dazu. Der Effekt ist, dass das Aroma des Tees nicht austreten kann. Diese Art des Aufgusses ist daher – ähnlich wie der mit einer Teezange – bestenfalls für einzelne Tassen Tee geeignet.

Eine Zeit lang waren Netze aus Baumwolle sehr beliebt, doch auch sie sind nicht unproblematisch. Ein Netz dehnt sich zwar flexibel aus und lässt dem Tee im Unterschied zum Tee-Ei genügend Platz. Allerdings nimmt die Baumwolle mit der Zeit die verschiedenen Teegeschmäcker an, die sich dann ungewollt mischen. Man bräuchte daher für jede Teesorte ein eigenes Netz. Auch der ästhetische Aspekt ist nicht von der Hand zu weisen: Ein solches Netz verfärbt sich und sieht meist wenig appetitlich aus.

DIE AUFGUSSKANNE

Je besser sich die Teeblätter beim Aufguss entfalten können, desto feiner und gehaltvoller ist die Aromaentwicklung des jeweiligen Tees. Sowohl für hochwertige Schwarztee-Sorten als auch für den grünen Tee ist daher die traditionelle Teezubereitung besonders gut geeignet. Hierfür werden zwei Kannen und ein Sieb genutzt: Eine Kanne um die Teeblätter offen aufzubrühen und eine zweite – die so genannte

Teekanne aus Buchsbaum, Sedlescombe, East Sussex, 1916. Hier finden englische Gartenkunst und die englische Tradition der Teatime auf ganz eigene Art zusammen.

Servierkanne, die am besten angewärmt sein sollte – in die der Aufguss nach der Ziehzeit durch das Sieb abgegossen wird.

DAS STÖVCHEN

Ein Stövchen ist etwas für gemütliche Winterabende und der praktische Aspekt – dass der Tee heiß bleibt – ist auch nicht von der Hand zu weisen. Dennoch: Tee, der längere Zeit auf einem Stövchen steht, verliert seine Frische und sein Aroma. Im oberen Teil der Kanne kühlt der Tee ab und von unten her bekommt er reichlich Hitze, dadurch verändert sich der Geschmack schnell zu seinem Nachteil.

DIE TEEWAAGE

Die richtige Dosierung ist extrem wichtig, denn jede Teesorte hat ein anderes Volumen, das bei gleichem Gewicht z. T. um das Drei- oder Vierfache variieren kann. Die Standardempfehlung „ein Löffel pro Tasse" ist für die meisten Teesorten viel zu ungenau. Ohne eine Waage ist diese Genauigkeit allerdings kaum

zu erreichen. Es ist aber nicht nötig, eine explizite Teewaage im Haus zu haben: Wer eine Diätwaage oder eine Küchenwaage mit Grammanzeige besitzt, kann sie als Teewaage benutzen.

DAS THERMOMETER

Eine Reihe von Tees reagieren empfindlich auf die falsche Wassertemperatur, zu heißes Wasser macht ihr zartes Aroma zunichte. Vor allem beim grünen Tee ist es wichtig, dass die Wassertemperatur je nach Sorte die 70–80 °C nicht übersteigt. Ein Thermometer leistet hier definitiv gute Dienste.

DER WASSERFILTER

Bei kalkhaltigem, hartem Wasser kann ein Wasserfilter Wunder wirken: Er macht das Wasser weicher, und der Tee wird um einiges aromatischer. Doch Achtung: Solche Geräte müssen sorgfältig gewartet und die Filter regelmäßig gewechselt werden, sonst werden Wasserfilter schnell zu gefährlichen Keimherden.

Qualitäten und Preise

Der Maßstab der Qualität von Tee richtet sich einerseits nach der Ernteperiode und andererseits nach der Qualität der Blätter. Die erste Ernte im Frühjahr liefert sehr kleine zarte Blätter und wird als „First Flush" bezeichnet. Die zweite Ernte im Mai ist der so genannte „Second Flush". Die Ernte zwischen diesen beiden Ernteperioden nennt man „in between" und die Ernte nach der Second-flush-Pflückung nennt man „Autumnal", die so genannte Herbstpflückung. „In between" und „Autumnal" erreichen selten die Qualität der First- und Second-Flush-Tees, und sind meistens preisgünstiger. Die Qualität der Blätter richtet sich nach der Stellung am Zweig, die Knospen an der Spitze heißen „Flowery Orange Pekoe", das darunter stehende zweite Blatt heißt „Orange Pekoe", das dritte „Pekoe" und alle weiteren Blätter heißen „Souchong". Das Wort „Pekoe" kommt aus dem Chinesi-schen und heißt übersetzt „weißer Flaum", gemeint ist der typische Flaum der Teeknospen. Bei den schwarzen Tees zählen besonders diejenigen aus den Hochlandlagen wie z. B. Darjeeling zu den Spitzentees.

Die Bezeichnungen der Grünteesorten unterscheiden sich von denen der schwarzen Tees: „Gunpowder" ist Tee aus der ersten Pflückung im Frühjahr und wird zu Kügelchen gerollt. „Natural Leaf" sind ganze Blätter, sie sind sehr mild im Geschmack. „Chun-Mee" entspricht dem schwarzen „Flowery Orange Pekoe" und „Matcha" ist der zu Pulver zerriebene, leuchtend grüne Tee, den die Japaner für die Teezeremonie verwenden.

Wer angesichts der unendlichen Vielfalt der Möglichkeiten die Qualitätsunterschiede und die Preise schätzen, bzw. einschätzen lernen möchte, sollte sich unbedingt im Fachhandel beraten lassen.

Ein Teehändler in Tongli, China verpackt Tee. Tee verliert an der Luft leicht sein Aroma, deshalb sollte er entsprechend geschützt und verpackt werden.

57

Fachbegriffe, Abkürzungen und ihre Bedeutung in alphabetischer Reihenfolge

Einer der maschinellen Arbeitsschritte in der Teeverarbeitung ist das Rollen: Die Blätter werden etwa eine halbe Stunde lang unter Druck gerollt und gequetscht, dadurch werden die Zellwände aufgebrochen und die ätherischen Öle freigesetzt, die dem Tee später seinen charakteristischen Duft und sein Aroma verleihen.

B.O.P.

„Broken Orange Pekoe". Häufigste Sorte der „Broken Teas" mit hoher Qualität. Das Tee-Blatt ist zerkleinert und gebrochen.

B.P.

„Broken Pekoe". Tee mittlerer Qualität mit gebrochenen und zerkleinerten Tee-Blättern.

Broken Tea

Tee mit zerkleinerten, gebrochenen Blättern. Der Tee wird durch die Zerkleinerung intensiver in Farbe und Aroma.

Crop

Bezeichnung der Erntephasen: Eine Tee-Plantage kann pro Jahr mehrmals geerntet werden: „First Crop" ist die Frühlingsernte, „Second Crop" die Frühsommerernte und „Third Crop" die Herbsternte.

CTC-Verfahren

CTC steht für: Crushing (Zerbrechen), Tearing (Zerreißen) und Curling (Rollen). Bei dieser, auch maschinell angewandten, Methode werden die Teeblätter nach dem Welken durch Dornenwalzen gründlich aufgebrochen, zerrissen und gerollt. Teilweise werden mehrere CTC-Maschinen hintereinander geschaltet, um noch feinere Tee-Pulver zu erhalten. Dabei entstehen kräftige Tees mit schneller Färbung und starkem

Nicht nur in China gibt es Teeanpflanzungen bis in Höhen von 2000 Metern über dem Meeresspiegel, die meisten hochwertigen Tees stammen aus solchen hohen Anbaulagen.

Aroma. Mit dieser Methode werden vor allem Tees für die Verwendung in Teebeuteln produziert.

Dust

Der feine Teestaub wird wie im Englischen „Dust" genannt. Er ist das, was nach der kleinsten Siebung übrig bleibt und dennoch kein Überbleibsel, sondern ein Tee mit intensivem Aroma, dunkel und sehr ergiebig.

ECGC

Das so genannte „Epigallocatechingallat" gehört zu den Gerbstoffen im Tee und macht seit den frühen 80-er Jahren als Krebshemmende Substanz Furore. Und noch viele andere, gesundheitlich positive Wirkungen werden diesem Stoff zugeschrieben (siehe S. 36).

Fannings

Fannings sind feine Teepartikel, sie sind kleiner als Broken und größer als Dust und bestehen

Nach dem Rollen werden die feineren Blätter mechanisch mit Sieben von den gröberen Bestandteilen getrennt. Auch die Einteilung des Tees in Gradierungen, bzw. das Sortieren nach Blattarten und Größe findet mit Hilfe von Sieben statt.

Bild rechts:
Ein Japanisches Sprichwort besagt: „Der erste Aufguss für den Feind, der zweite für den Freund", der Erste „schließt" die Blätter auf, der Zweite lässt sie ihr volles Aroma an das Wasser abgeben.

vor allem aus den Blatträndern. Fannings eignen sich wie „Dust" besonders für die Produktion von Teebeuteln, der daraus entstehende Tee ist intensiv und kräftig.

F.B.O.P.

„Flowery Broken Orange Pekoe" ist ein qualitativ hochwertiger Tee aus langen Blättern, die teilweise gebrochen oder auch maschinell zerkleinert sind, er enthält einen gewissen Knospenanteil.

First Flush

First Flush ist der Begriff für die erste Teeernte nach dem Winter – von März bis April.

Flowery (F)

Das jüngste Blatt des geernteten Triebes – die Blattknospe – während des Aufblühens. Das Blatt beginnt Chlorophyll zu entwickeln ist aber noch zusammengerollt, noch nicht entfaltet.

Flush

Bezeichnung für eine neue Phase der Teeernte, den jeweils neuen Trieb am Teestrauch. Siehe auch: First Flush und Second Flush

F.O.P.

Abkürzung für „Flowery Orange Pekoe". Bei diesem Blatt-Tee werden junge, aufblühende Triebe und Triebspitzen verwendet. Er ergibt einen hochwertigen Tee mit aromatischem, hellem Aufguss.

G.B.O.P.

„Golden Broken Orange Pekoe": Broken-Tee hoher Qualität.

Genmaicha

Japanische Teespezialität, bestehend aus grünem Sencha-Tee, geröstetem Reis und Popkorn.

Gelber Tee

Gelber Tee wird ausschließlich in China produziert. Er ist ein weißer Tee, der im Anschluss an die Ernte erst nach einer kurzen Unterbrechung weiter verarbeitet wird. Dadurch findet eine minimale, natürliche Fermentation statt. Gelber Tee zählt zu den edelsten und teuersten Teespezialitäten.

G.F.B.O.P.

„Golden Flowery Broken Orange Pekoe": Broken-Tee hoher Qualität mit goldenen Blattspitzen, den so genannten „Tips".

G.F.O.P.

„Golden Flowery Orange Pekoe": ein Blatttee von hoher Qualität, der zu gleichen Teilen aus großen Blättern und goldenen Blattspitzen besteht.

Golden Tips

Golden schimmernde, junge Blattknospen mit feinen Trieben. Enthalten viel Koffein und wenig Gerbstoffe.

Gunpowder erinnert – wie der Name schon sagt – an Schießpulver. Jedes Teeblatt ist zu einer kleinen Kugel gerollt, die sich beim Aufgießen im Wasser wie eine Blume entfaltet. Der Aufguss ist gelbgrünlich und hat einen herb-frischen Geschmack.

Grade (Blattgrade)

Die Einteilung der Tees erfolgt durch die Kennzeichnung der Blattgrade – wie B.O.P. oder G.B.O.P. – als ein Maß für Blattgröße und Blattqualität.

Gunpowder

Grüner Tee aus China und Formosa (Taiwan). Enthält den höchsten Koffeinanteil bei den grünen Tees. Der trockene Tee erinnert an Schrotkugeln.

Gyokuro

Gykuro – übersetzt: „edler Tautropfen" – wird Gästen in Japan angeboten, um ihnen eine besondere Ehre zu erweisen. Ein Tee höchster Qualität und Grundlage für den Matcha-Tee. Es werden nur feine Triebe geerntet, die ausschließlich im Schatten wachsen, damit sich das Aroma besser entfalten kann.

Infusion

„Infusion" nennt man die feuchten Teeblätter nach dem Aufguss.

Kaltwettertee

Hoch geschätzter Tee, der in den Wintermonaten zwischen Januar und Mitte März geerntet wird. Aufgrund der kühlen Witterung wächst dieser Tee nur langsam und ist daher sehr gehaltvoll und aromatisch.

Matcha

Japanischer, leuchtend grüner Pulvertee, der für die Tee-Zeremonie verwendet wird. Einer der teuersten und erlesensten Tees. Matcha wird mit einem Bambus-Besen in einer Schale schaumig gerührt.

Natural Leaf

Naturbelassene, ungerollte Teeblätter, die keinem Verfahren ausgesetzt wurden und so in den Handel kommen. Sehr mild im Geschmack.

O.F.

„Orange Fannings" ist nach „Dust" die zweitkleinste, feine Sortierung.

Oolong

Ist eine traditionelle chinesische Teesorte. Er ist ein halbfermentierter Tee, dessen Fermentierungsgrad zwischen grünem und schwarzem Tee liegt. Oolong kann mehrmals aufgegossen werden ohne an Geschmack zu verlieren. Sein Aroma lässt sich durch längere, optimale Lagerung noch verbessern.

O.P.

„Orange Pekoe" besteht hauptsächlich aus ganzen, qualitativ hochwertigen, schwarzen Teeblättern mittlerer Größe. Orange Pekoe ist ein Tee mit stark duftendem, fruchtig-blumigem Aroma. „Pekoe" stammt aus dem Chinesischen und bedeutet „weißer Flaum", das Wort „Orange" geht höchstwahrscheinlich auf das niederländische Königshaus der Oranier zurück.

Das Mischen verschiedener Teesorten wird in der Fachsprache „blending" genannt. Das Ziel jeder Mischung ist der Ausgleich von Qualitätsmängeln und ein harmonischer Geschmack.

Pekoe Souchong

Gröbste Blattsortierung. Auch das vierte und sechste Blatt finden hier noch Verwendung. Der daraus entstehende, dünne Tee enthält viel Gerbsäure.

Pu Erh

Pu Erh Tee stammt aus Yunnan und wird auch „roter Tee" genannt. Sein Aufguss ist von deutlich dunklerer Farbe als der des schwarzen Tees. Er stammt von einer großwüchsigen Ur-Unterart des Teestrauchs „Qingmao" ab und wird besonders lange gelagert. Bis in die 60-er Jahre wurde dieser Tee vor der Verwendung mindestens 5 Jahre gelagert, heutzutage gibt es ein Verfahren, das die Reifungsdauer beschleunigt, dadurch ist der Tee nach ein paar Monaten trinkreif. Es gibt aber auch Pu Erh Tee, der 50 Jahre und länger gelagert wurde – Kenner zahlen hohe Preise für einen echten Jahrgangs-Pu Erh.

Porzellanmanufaktur 1953 – Porzellanmalerinnen stellen Souvenir-Tassen mit Motiven der Krönung von Queen Elizabeth II. her.

Rauchtee

Ein über Harzen oder Kiefernnadeln geräucherter, chinesischer Tee. Die bekannteste Sorte ist der „Lapsang Souchong".

Scented Tea

Fachbegriff für aromatisierten Tee mit Zusätzen, die Geschmack und Duft beeinflussen wie zum Beispiel Blüten, Früchte oder natürliche Öle (Bergamotte-Öl).

Schattentee

Als Schattentee bezeichnet man einen Tee, der ein paar Wochen vor seiner Ernte mit Bambusmatten beschattet wird, dadurch kann der Tee mehr Chlorophyll entwickeln. Der berühmteste Schattentee ist der Gyokuro, seine Spezialbehandlung hat natürlich auch ihren Preis.

Second Flush

Zweite Pflückung einer Vegetationsperiode in Darjeeling und Assam, von Mitte Mai bis Ende Juni. Der Second Flush hat ein kräftigeres und ausbalancierters Aromea als der First Flush.

Souchong

Chinatee mit rauchigem Geschmack. Die großen Teeblätter werden über einem Feuer mit Tannen- oder Kiefernholznadeln geräuchert bzw. getrocknet.

T.G.F.O.P.

,,Tippy Golden Flowery Orange Pekoe" besteht aus großen, qualitativ hochwertigen Blättern und enthält im Vergleich zu allen anderen Blatttees den höchsten Anteil an Blattspitzen.

T.G.F.O.P. I

Eine weitere Verfeinerung von TGFOP. Die Bezeichnung zeigt an, dass es sich hierbei um die höchste Teequalität handelt, die verarbeitet werden kann: cinc absolute Delikatesse.

Metallene bzw. silberne Teekannen werden häufig in nordafrikanischen Ländern genutzt, die Kannen, die hier zu sehen sind, stammen allerdings aus China.

Empire-Grown-Tea – Werbekampagne für britische Produkte. Zwischen 1926 und 33 wurden hunderte von Plakaten gedruckt, um die Konsumenten zu animieren „to buy british".

Tip, Tippy

Bezeichnet die feinen, obersten Blattspitzen des Teestrauchs, bzw. das Hüllblatt der obersten Blattknospe. Ein Tee besonders hoher Qualität.

Weißer Tee

Chinesischer, unfermentierter Tee, der aus jungen Blattknospen mit weißem Flaum hergestellt wird. Die Blattknospen werden einzeln an der Luft getrocknet. Durch eine hauchfeine Oxidation verändert sich die Farbe der Knospen vom grünen Farbton ins gelb-weißliche. Dieser Tee ist einer der edelsten und teuersten.

Winter Flush

Tee aus Darjeeling, der in den Wintermonaten geerntet wird. Durch die kühle Witterung entsteht ein aromatischer und sehr zarter Tee, ähnlich dem First Flush.

Ziegeltee

Jahrhundertealte Teeverarbeitung in der feiner Tee mit Hilfe von Reiswasser in Ziegelform gepresst wurde. Früher war diese Vorgehensweise wegen seiner guten Transportierbarkeit allgemein üblich, heute ist Ziegeltee nur noch in Tibet und der Mongolei zu finden.

Die Teezeremonie

In fast allen Ländern in denen der Tee zuhause ist, haben sich mit der Zeit Riten und Teekulturen gebildet, die einen zeremoniellen Charakter haben. In China heißt die Kunst den Tee zu zelebrieren „Gongfu", „Kunstfertigkeit" (das Wort ist bei uns aus dem Kampfsport „Kungfu" bekannt). Doch wenn man von „der Teezeremonie" spricht, ist meist die Japanische gemeint. Der so genannte Teeweg, der sich im 15. Jahrhundert entwickelte, wurde von einigen späteren „Schulen" aufgegriffen und fortgeführt.

Er wird als Weg angesehen, der den Geist von Begierden und Egoismen reinigen soll. Das vergängliche und ärmliche Dasein des Menschen soll zu einer einfachen Harmonie finden. Die alltägliche Tätigkeit des Teekochens dient als Übung: Man übt Aufmerksamkeit für das Natürliche in den Bewegungsabläufen und der Gedanken-Bewegung im Inneren, und kann es darin zur Meisterschaft bringen. Dieser spirituelle Tee-Weg hatte und hat großen Einfluss auf alle japanischen Künste, vom Gartenbau über die Keramik über Architektur und Inneneinrichtung bis zu Dichtung und Malerei.

Eine Teezeremonie kann bis zu vier Stunden oder länger dauern und hat das Ziel, den Geist von allem, was ihn beschwert, zu befreien. Die Bewegungen der Anwesenden sind ebenso sparsam wie fließend und effektiv und richten sich nach – bis ins Detail vorgeschriebenen – Abläufen.

Tee in Kunst und Literatur

Die Tatsache, dass der Tee seit einigen tausend Jahren in China getrunken wird, bedeutet kulturell gesehen einen gewissen Vorsprung gegenüber anderen Ländern und Kontinenten. Auch hier kam er in Mode als der Alkohol überhand zu nehmen drohte. Der Genuss seines zarten aber bitteren Geschmacks musste erst „erlernt" werden, genau wie Jahrhunderte später in Europa. Von allen Speisen und Getränken hat besonders der Tee einen moderaten Geschmack und entspricht damit der Lehre vom Weg der Mitte. Das ist ganz im Sinne des legendären Philosophen Laotse:

„Tee hat nicht die Arroganz des Weines
nicht das Selbstbewusstsein des Kaffees
nicht die kindliche Unschuld von Kakao.
Im Geschmack des Tees liegt ein zarter Charme,
der ihn unwiderstehlich macht
und dazu verführt, ihn zu idealisieren"

Chinesen in traditionellen Kostümen, 1640-1680. Wer sensibel genug ist, entdeckt möglicherweise im Tee das Potenzial den richtigen Weg – das Tao – zu finden.

Ausschnitt einer Wand-
malerei am „Yiheyuan
Summer Palace" in Peking,
der ehemaligen Sommer-
residenz der Qing-Kaiser.
Heute ist die Residenz
ein öffentlicher Park.

Wer sensibel genug ist, entdeckt möglicherwei-
se im Tee das Potenzial, den richtigen Weg – das
Tao – zu finden. Man muss sich nur auf seine
Qualitäten voll und ganz einlassen, so wie z.B.
Lo Tung, ein chinesischer Dichter der Tang-
Dynastie:

Die erste Tasse netzt mir die Lippen.
Die zweite verscheucht meine Einsamkeit.
Die dritte durchdringt mein unfruchtbares Inneres,
um darin nichts als einige fünftausend Bände
  wunderlicher Ideogramme zu finden.

Die vierte erregt einen leichten Schweiß;
alles Schlechte des Lebens scheidet durch meine
  Poren dahin.
Bei der fünften bin ich geläutert.
Die sechste ruft mich ins Reiche des
  Unvergänglichen.
Die siebente – Oh, ich kann nicht weiter trinken,
ich fühle nur den kalten Windhauch, der sich in
  meinen Ärmeln fängt.
Lasst mich in diesem lieblichen Windhauch
  segeln und mitschweben.

69

Doch nicht jeder ist willens und in der Lage in diesem Sinne „abzuheben“. Die sinnliche Liebeserklärung eines weiteren Dichters der Tang-Dynastie – Yüan Wei-Chi – formuliert einen Bilderrausch für den Tee-Kenner und -Genießer:

Tee
zarte Knospen
duftende Blätter
Gefährte der Poeten
Heißgeliebter der Einsiedler

Geschirr aus milchweißer Jade
Serviette aus rotem Sarsenett
tief bernsteinfarbendes Gebräu
Befreiung von pedantischem Formalismus
vertreibt den berauschenden Dunst des Weines
des Abends passt er gut zu schimmerndem
  Mondschein,
in der Morgendämmerung zum karmesinroten
  Wolkenhimmel
überbrückt die Kluft zwischen uns und den
  Generationen von einst

Europa erreichte der Tee in der Zeit der Aufklärung und begleitete den Weg in die Moderne. In China hatte er es schon vorgemacht und genau so wurde der Tee zusammen mit dem Kaffee der große „Ernüchterer" Europas. Denn hier wurde gerne und viel Alkoholisches konsumiert. Man trank morgens, mittags und abends Bier, das „flüssige Brot" war im 16. Jahrhundert für manchen die Haupt-Nahrungsquelle und hemmungslose Trinkgelage waren an der Tagesordnung. Die Gegner dieses extremen Alkoholkonsums machten Stimmung zugunsten von Tee und Kaffee.

Eine Zeit lang hatte es der Tee ziemlich schwer, sich in der europäischen Gesellschaft durchzusetzen. Liselotte von der Pfalz kann sich zum Beispiel absolut nicht mit den neumodischen Getränken aus den Kolonien anfreunden:

„Ich kann weder Tee noch Chocolat noch Caffé drincken; all das frembt Zeug ist mir zuwider; den Chocolat find ich zu süß; caffé kompt mir vor wie Ruß und das thé wie eine halbe Medicin; summa ich kann in dießem Stück wie in viellen andern garnicht ala mode sein."

Genau genommen fand sie besonders den Tee verabscheuungswürdig: „das schmeckt ja wie Heu und Mist, mon dieu, wie kann man sowas Bitteres und Stinkendes blos drincken".

Doch schon früh gab es Kenner und Gourmets, die wussten, wie ein guter Tee zu schmecken und vor allem auszusehen hatte, unter ihnen der

DAINTY
TEA FROCK

Adapted from an exclusive Paris Model by our own highly skilled workers, and made in rich Crêpe de Chine, with full skirt and pleated overdress of crêpe. Bodice of crêpe, with new chiffon sleeves. A particularly becoming and useful garment.

PRICE
98/6

CATALOGUE POST FREE.

Debenham & Freebody.
Wigmore Street.
(Cavendish Square) London. W.

Famous for over a Century for Taste, for Quality, for Value

Werbung für Teekleider, von Debenham and Freebody, 1916. Diese „Frocks" waren der letzte Schrei: Mit vielfältigen Mustern, in Cremefarben, flatternd und mit tief angesetzter Taille.

Tee im Café Posthof in Karlsbad – eine Postkarte – Teetrinken in Karlsbad, ein edles Familienvergnügen.

amerikanische Präsident Abraham Lincoln, der gesagt haben soll: „Kellner, falls dies Kaffee ist, bringen Sie mir lieber Tee; falls dies aber Tee ist, bringen Sie mir lieber Kaffee."

Auch Gotthold Ephraim Lessing war ein großer Fan des heißen Getränks: „Ob ich morgen leben werde, weiß ich freilich nicht. Aber dass ich, wenn ich morgen lebe, Tee trinken werde, weiß ich gewiss."

Ab 1780 begann dann der unaufhaltsame Siegeszug des Tees: Begüterte Familien luden die geistige, wirtschaftliche, wissenschaftliche und politische Elite europäischer Länder zu Teegesellschaften ein, eine Mode, die eine ganze Epoche prägte. Nicht nur Kleidungsstücke wie z. B. weiße „Pludergewänder" für die Damen oder Lila Frack und grüne Röhrenhosen für Herren wurden kreiert, auch Teegeschirre, Möbel und vieles mehr brachte der neue Brauch mit sich. Die Töchter begüterter Familien – wie zum Beispiel Rahel Varnhagen – veranstalteten Teegesellschaften, wo sich so illustre Teilnehmer wie z. B. Goethe, Uhland, Fontane, Heine, Fürst Pückler, Prinz Luis Ferdinand und einige andere die Ehre gaben.

„Diesen Abend war ich bei Goethe zu einem großen Tee. Die Gesellschaft gefiel mir, es war alles so frei und ungezwungen, man stand, man saß, man scherzte, man lachte. Goethe ging bald zu diesem und zu jenem und schien immer lieber seine Gäste zu hören und reden zu lassen, als selber viel zu sagen. Frau von Goethe kam oft und schmiegte sich an ihn und küßte ihn."
(Aus: Johann Peter Eckermann, Gespräche mit Goethe, 14. Oktober 1823)

Heinrich Heine kommentiert diese Art von Teesalon mit feiner Ironie:

„Sie saßen und tranken am Teetisch,
Und sprachen von Liebe viel.
Die Herren die waren ästhetisch,
Die Damen von zartem Gefühl."

Und Friedrich Schiller sinniert ein wenig über die Herstellung von Punsch. Das fünfte wichtige Element – das Aroma des Tees – fehlt in seinem Punschrezept, dieses Thema werden wir im Rezeptteil dieses Buches vertiefen.

Gruss vom Café Posthof in Karlsbad.

Punschlied:

Vier Elemente,
Innig gesellt,
Bilden das Leben,
Bauen die Welt.

Presst der Zitrone
Saftigen Stern!
Herb ist des Lebens
Innerster Kern.

Jetzt mit des Zuckers
Linderndem Saft
Zähmet die herbe
Brennende Kraft!

Gießet des Wassers
Sprudelnden Schwall!
Wasser umfänget
Ruhig das All.

Tropfen des Geistes
Gießet hinein!
Leben dem Leben
Gibt er allein.

Eh es verdüftet,
Schöpfet es schnell!
Nur wenn er glühet,
Labet der Quell.

(Friedrich Schiller 1759-1805)

Teepause bei einem Cricket-Match – Tee stand immer und in allen Lebenslagen zur Stärkung – besonders der britischen Oberschicht – bereit.

Und der Nordfriese Theodor Storm macht Tee zum Messinstrument der Charakterbildung: „Der Gemütswert eines jeden Menschen lässt sich nach der Art seiner Teezubereitung und seinem Geschmack für Tee taxieren." Und sein Zeitgenosse Theodor Fontane philosophiert über den medizinischen Aspekt des Getränks und traut, wie Schiller, den Spirituosen einiges zu:

„Und ist auch noch so dünn
  der Tee,
und tut dir irgendwo was weh –
Rum, Rum,
dann sind gleich alle Schmerzen stumm."

Ein weiterer Tee-Liebhaber, dessen Weg in ein Land führte in dem der Tee bis heute sehr geliebt und vor allem auch Literweise getrunken wird, ist Heinrich Böll. Laut Statistik ist Irland das Land mit dem höchsten pro Kopf-Verbrauch von Tee in Europa und das bleibt nicht ohne Spuren. Böll schreibt in seinem „Irischen Tagebuch":

„Gleicht der kontinentale Tee einem vergilbten Postscheckbrief, so gleicht er auf diesen Inseln westlich von Ostende den dunklen Tönen auf russischen Ikonen, durch die es golden durchschimmert, bevor die Milch ihm eine Farbe ähnlich der Hautfarbe eines überfütterten Säuglings verleiht; auf dem Kontinent serviert man den Tee dünn, aber aus kostbarem Porzellan, hier gießt man aus ramponierten Blechkannen gleichgültig ein Engelsgetränk zu des Fremden Labsal, und spottbillig dazu, in dicke Steinguttassen. Das Frühstück war gut, der Tee des Ruhmes würdig, und kostenlos hinzu gab es das Lächeln der jungen Irin, die ihn servierte."

Sogar einige Kinder – im Speziellen die Englischen – scheinen den Tee mehr als alles andere zu lieben und sogar die Chance auf ein Abenteuer hinten an zu stellen:
„Möchtest du gleich ein Abenteuer erleben oder lieber erst Tee trinken?", fragte Peter. „Zuerst den Tee!", sagte Wendy schnell. (J.M. Barrie, Peter Pan)

Teetassen im Lunapark – wer wollte als Kind nicht schon einmal in einer Fliegenden Untertasse sitzen – aber in einer Teetasse?

75

Teetafel Alice im Wunder-
land – Die Zeit dieser
Teegesellschaft steht
buchstäblich still und das
hat ganz eindeutige Vor-
und Nachteile …

Mindestens genauso berühmt ist die Teegesellschaft von Lewis Caroll aus „Alice im Wunderland" in der die Zeit in einer unendlichen Teestunde stillsteht:

„Ich hatte nun den ersten Vers gerade beendet", fuhr der Hutmacher fort, „da sprang die Königin auf und brüllte: ‚Er schlägt die Zeit tot! Köpft ihn!'"
„Was für eine rohe Person!", rief Alice.
„Und seitdem", schloss der Hutmacher niedergeschlagen, „erfüllt Frau Zeit mir keine Bitte mehr. Sie steht einfach still. Es bleibt immer sechs Uhr."
Alice ging ein Licht auf. „Steht deshalb so viel Geschirr bei euch auf dem Tisch?"

„Ja", seufzte der Hutmacher, „weil fortwährend Teezeit ist, haben wir keine Gelegenheit zum Geschirrspülen."
„Dann rutscht ihr wohl immer so rund um den Tisch herum?", fragte Alice.
„Richtig!", bestätigte der Hutmacher. „Wenn ein Gedeck schmutzig ist, setzen wir uns vor das nächste."

(Aus: Lewis Carroll, *Alice im Wunderland*)

Bleibt zum Schluss nur noch ein Ausblick voller Optimismus:

Hoffnung ist wie der Zucker im Tee:
Auch wenn sie klein ist, versüßt sie alles.

(Unbekannt)

Regisseur Alfred Hitchcock erfreut sich an einer Tasse Tee während der Dreharbeiten zu „Rebecca" (1940).

Die schönsten Tee-Rezepte

Kalte Getränke

Kirsch-Eistee

Zutaten für 2 Gläser
100 g Kirschen
8 El Aprikosensirup
8 Tl Darjeeling-Tee
Saft von 1/2 Zitrone
Mineralwasser

Die Kirschen waschen, trocknen, entsteinen und pürieren. Anschließend mit dem Sirup verrühren.

Den Tee mit 1/2 Liter Wasser aufgießen, 2–3 Minuten ziehen lassen und abseihen. Den Zitronensaft in den Tee geben und alles erkalten lassen.

Das Fruchtmus mit dem Tee verrühren und auf 2 Gläser verteilen. Mit Mineralwasser auffüllen und mit Trinkhalm servieren.

Darjeeling

Darjeeling stammt aus dem klassischen Teeanbaugebiet im Nordosten Indiens. Die Teegärten an den Hängen des Himalaja liegen in Höhen zwischen 800 und 2000 Metern und erzeugen besonders hochwertige und wohlschmeckende Tees. First Flush Darjeeling ist der im Frühjahr geerntete Tee, der einen hellen Aufguss ergibt und besonders zart und duftig schmeckt – der Champagner unter den Teesorten. Second Flush aus der zweiten Ernte ergibt einen dunkleren Tee mit feinem, würzig-kräftigem Bukett.

Orangen-Tonic-Eistee

Den Tee mit 350 ml Wasser aufgießen, 2- 3 Minuten ziehen lassen und abseihen. Den Zitronensaft in den Tee geben, zuckern und alles erkalten lassen.

Anschließend den Orangensaft unter den Tee rühren und alles auf 4 Gläser verteilen. Mit Tonic Water auffüllen und mit Eiswürfeln servieren.

Zutaten für 4 Gläser

6 Tl Ceylon-Tee

Saft von 1/2 Zitrone

4 Tl Zucker

350 ml Orangensaft

200 ml Tonic-Water

Ceylon

Ceylon, die Insel im Süden Indiens, ist der drittgrößte Teeproduzent der Welt, nach Indien und China. Die Namensänderung 1972 in Sri Lanka hatte keinen Einfluss auf den Namen der Teesorte. Die meisten Ceylontees zeichnen sich durch ihre dunkle Farbe und ein kräftiges, herb-würziges Aroma aus. Viele Landstriche Sri Lankas stehen heute unter Naturschutz und es wird nur sehr begrenzt mit Pestiziden gearbeitet. In den 90er Jahren wurde Ceylontee als reinster Tee der Welt ausgezeichnet.

Holunder-Sanddorn-Eistee

Zutaten für 12 Gläser
3 unbehandelte Orangen
3 unbehandelte Zitronen
3 Zimtstangen
8 Nelken
100 g Zucker
1 l starker schwarzer Tee
1 l Holundersaft
1 l Sanddornsaft
12 Zitronenscheiben

Orangen- und Zitronenschale fein reiben und die Früchte auspressen. Saft und Schale mit den Zimtstangen, Nelken und Zucker in den heißen Tee geben. Den Tee erkalten lassen und anschließend durch ein feines Sieb abseihen.

Den Tee mit dem Holunder- und dem Sanddornsaft vermischen und auf 12 Gläser verteilen. In jedes Glas 2 Eiswürfel geben und eine Zitronenscheibe auf den Glasrand stecken.

Anregend

Viele Pflanzen, aus denen Tees als anregende Genussmittel bereitet werden, enthalten in ihren Blättern Koffein. Hierzu gehören grüner und schwarzer Tee, Pu Erh Tee und der Matetee, der aus den Blättern des südamerikanischen Matebaums gewonnen wird. Neben dem Muntermacher Koffein enthält jeder dieser Tees aber auch eine ganze Reihe weiterer Wirkstoffe, die ihm zu einer einzigartigen Gesamtwirkung verhelfen, darunter Gerbstoffe (Tannine), Spurenelemente und Mineralstoffe.

Rote Marille

Den kalten Tee mit Marillenlikör mischen. Anschließend auf 4 dekorative Gläser verteilen und mit Sodawasser auffüllen.

Die Zitrone in Scheiben schneiden und je eine Scheibe in den Drink geben.

Zutaten für 4 Gläser
500 ml Earl-Grey-Tee
150 ml Marillenlikör
250 ml Sodawasser
1 Zitrone

Earl Grey

Wenn man schwarzen Tee mit dem natürlichen Öl der Bergamotte (Zitrusfrucht) versetzt, entsteht eine harmonische, wohlschmeckende Mischung. Der britische Außenminister Edward Grey, Earl of Falladon (1764–1845), fand auf einer Reise durch China dieses Teerezept und schenkte es einem britischen Handelshaus, das den Tee erfolgreich vermarktete und aus Dankbarkeit nach dem Überbringer des Rezeptes benannte.

Sommertraum

Zutaten für 6 Gläser
12 Tl schwarzer Tee
750 ml Wasser
Zucker
350 g Erdbeeren
300 g Johannisbeeren
Saft von 2 Orangen
Saft von 1 Zitrone
Mineralwasser

Den Tee mit kochendem Wasser aufgießen, vier Minuten ziehen lassen und durch ein Sieb gießen. Den Tee nach Belieben süßen und erkalten lassen.

Die Erdbeeren und Johannisbeeren putzen und waschen. Bei den Erdbeeren den Stielansatz entfernen, größere Früchte klein schneiden und die Johannisbeeren von den Rispen zupfen.

Orangen- und Zitronensaft unter den Tee rühren und die Früchte dazugeben. Alles im Kühlschrank mindestens eine Stunde zugedeckt ziehen lassen.

Den Sommertraum auf Gläser verteilen, mit Mineralwasser auffüllen und jeweils 2 Eiswürfel hineingeben.

Ananas-Teebowle

Den Früchtetee zubereiten und eine Zimtstange hineingeben. Anschließend erkalten lassen.

Den Apfel schälen, Kerngehäuse entfernen und das Fruchtfleisch in Stücke schneiden. Mit den Ananasstücken in ein Bowlegefäß geben.

Tee und Säfte zum Obst geben und mit Mineralwasser auffüllen. Nach Belieben süßen.

Zutaten für 10 Gläser
1 l Früchtetee
1 Zimtstange
1 Apfel
300 g Ananasstücke
500 ml Orangensaft
500 ml Johannisbeersaft
Zucker
300 ml Mineralwasser

Früchtetee

Variation: Gut gekühlter Früchtetee ist ein klassischer Durstlöscher für die heißen Tage. In Kombination mit Traubensaft hat er einiges zu bieten: Frucht- und Traubenzucker des Traubensaftes süßen das Getränk auf natürliche Weise, Vitamine und Mineralstoffe sorgen für Vitalität. Der fruchtig-frische Drink schmeckt auch Kindern hervorragend! Die Süße kann durch das Mischverhältnis beliebig variiert werden. Eiswürfel aus hellem Traubensaft halten den Eistee auf originelle Weise kühl, ohne ihn zu verwässern.

Eistee

Zutaten für 4 Gläser
3 Tl schwarzer Tee
Saft von 1 Zitrone
2 El Zucker
Eiswürfel
4 Zitronenscheiben

Den Tee mit 1 Liter kochendem Wasser überbrühen und 4-5 Minuten ziehen lassen. Anschließend durch ein Teesieb abseihen.

Den Zitronensaft und den Zucker zum Tee geben und alles erkalten lassen. Den Eistee mit Zitronenscheiben, Eiswürfeln und Trinkhalm servieren.

USA

In einer Kaffeetrinker-Nation wie den USA gibt es zwar keine ausgebildete Teetradition, aber immerhin verdankt die Welt des Tees diesem Land eine großartige Erfindung: den Eistee. Es soll auf der Weltausstellung 1914 in St. Louis gewesen sein. Mitten im Sommer sollte ein britischer Teehändler seinen Kunden in den USA indischen Schwarztee verkaufen. Aufgrund der hochsommerlichen Temperaturen kühlte der Händler den Tee mit Eiswürfeln und brachte eine wahre Eistee-Welle ins Rollen.

Teeflip

Milch und Zucker in einen Topf geben und zum Kochen bringen. Anschließend vom Herd nehmen und den Tee dazugeben. 4 Minuten ziehen lassen

Den Teeflip durch ein Teesieb in ein Glas gießen und erkalten lassen. Anschließend das frische Eigelb hinzufügen und gut verrühren.

Zutaten für 1 Glas
250 ml Milch
1 El Zucker
1 Tl grüner Tee
1 Eigelb

Aufbewahrung

Als Naturprodukt verändert sich Tee sehr schnell zu Ungunsten der Qualität, wenn er falsch gelagert wird. Nach der Verwendung sollte er zum Schutze des Aromas stets in einer geschlossenen Blechdose oder in einem lichtgeschützten Glasbehälter kühl und trocken aufbewahrt werden. Besonders schwarzer Tee nimmt leicht Gerüche aus der Umgebung an. Darum sollte Tee weder in der Nähe von Putzmitteln oder Gewürzen noch neben Aroma- oder Kräutertees aufbewahrt werden.

Heisse Getränke

Chicco

Zutaten für 1 Glas
100 ml Assam-Tee
5 cl Rum
5 cl Zitronensaft
5 cl Orangensaft
1 Zitronenscheibe
Zucker

Den heißen Assam-Tee in ein hitzebeständiges Glas füllen. Die Säfte und den Rum hinzufügen.

Zitronenscheibe in das Glas geben und den Chicco nach Belieben süßen. Sofort servieren.

Assam

Assam gehört zu den Schwarztee-Sorten. Die Herkunft dieses dunklen, würzigen Tees ist Assam, eine Hochebene in Indien. Der Tee wird aufgrund seines ausgeprägten Aromas gerne mit leichteren Sorten gemischt und ist Bestandteil vieler traditioneller Teemischungen, wie zum Beispiel des Ostfriesentees. 1832 wurden die ersten Teegärten von britischen Pflanzern angelegt. Heute liefert Assam ungefähr die Hälfte der indischen Teeproduktion, das sind rund 15% der gesamten Produktion weltweit.

Jagertee

Den heißen Tee in einen Topf geben und Zucker, Rotwein, Zimt und Nelken hinzufügen. Etwa 3–5 Minuten ziehen lassen.

Anschließend die Gewürze entfernen und den Rum und den Obstler hinzufügen. Den Jagertee heiß servieren.

Zutaten für 2 Gläser
250 ml schwarzer Tee
2 Tl Zucker
250 ml Rotwein
1/2 Stange Zimt
2 Nelken
4 cl Jamaica-Rum
4 cl Obstler

Unterschiede

Der Unterschied zwischen schwarzem und grünem Tee liegt nur in der Verarbeitung der Blätter nach der Ernte. Schwarzer Tee wird auf besondere Weise fermentiert, allerdings gehen durch diesen Prozess auch viele natürliche Inhaltsstoffe verloren. Diese bleiben bei der Herstellung des grünen Tees erhalten. Grüner Tee wird mit besonderer Sorgfalt gepflückt, um die Blätter nicht zu beschädigen, und sie werden durch besondere Behandlung an der Oxidation und Fermentierung gehindert.

Honey-Touch

Zutaten für 1 Glas

150 ml schwarzer,
starker Tee
3 cl Jamaica-Rum
1 El Grand Marnier
2 cl Zitronensaft
1 El Honig
Kandiszucker

Den Tee in ein hitzebeständiges Glas geben. Rum, Grand Marnier und frisch gepressten Zitronensaft zufügen.

Den Honig in das Glas geben und gut verrühren, bis er sich gelöst hat. Eventuell noch mit etwas Kandiszucker nachsüßen.

Wirkung

Die Wirkung des Tees ist vor allem davon abhängig, wie lange der Tee beim Ziehen im Wasser bleibt. Allgemein lässt sich sagen: Zieht der Tee nur etwa zwei bis drei Minuten, wirkt er anregend. Wünschen Sie eine beruhigende Wirkung, so lassen Sie ihn bis zu fünf Minuten ziehen. Es gibt jedoch auch hier Ausnahmeregeln, z. B. bei stark gerbsäurehaltigen Tees (langes Ziehen bedeutet eine geringe Koffeinwirkung), gerbsäurearmen Tees (wie z. B. Darjeeling) und grünem Tee.

Tee-Orangen-Punsch

Die Zutaten in einem Topf unter ständigem Rühren bis zum Siedepunkt erhitzen. Um kein Aroma zu verlieren, sollte unbedingt darauf geachtet werden, dass der Punsch nicht kocht.

Den fertigen Punsch durch ein Sieb in ein Gefäß abgießen und heiß servieren.

Zutaten für 4 Gläser
500 ml schwarzer
Assam-Tee
Saft von 1 Zitrone
250 ml Orangensaft
(am besten frisch gepresst)
125 ml Rum
1 Stange Zimt
etwas Ingwerwurzel
3 Gewürznelken
4 El Zucker

Assam-Tee

Der Assam ist ein kegelfömiger Baum von bis zu 15 Metern Höhe. Anders als der chinesische Tee ist die Pflanze empfindlich gegen Staunässe und verträgt niedrige Temperaturen nicht. Zudem benötigt sie regelmäßige Regenfälle und hohe tropische Luftfeuchtigkeit. Angebaut werden kann Assam-Tee in allen Regionen mit tropischem Klima. Heute werden vielfach Kreuzungen aus chinesischem und Assam-Tee angebaut. So gelingt es, die positiven Eigenschaften beider Pflanzen sinnvoll zu kombinieren.

# Red Lion

Zutaten für 4 Gläser
250 ml starker
schwarzer Tee
1 unbehandelte Orange
4 El Zucker
500 ml nicht zu schwerer
Rotwein
1 Prise gemahlene Nelken
250 ml Johannisbeerlikör

Starken schwarzen Tee aufbrühen. Die Orange spiralförmig schälen und dann auspressen.

Saft mit Zucker, Tee, Rotwein und Nelkenpulver fast bis zum Kochen bringen. Erst dann den Johannisbeerlikör einlaufen und heiß werden lassen. Nicht kochen.

In vier hitzebeständige Gläser füllen und jeweils ein Stück der Orangenspirale hineinhängen.

Japanische Legende

Einer japanischen Legende nach war es der buddhistische Mönch Bodhidarma, dem wir den Tee verdanken. Ermüdet von einer nächtlichen Meditation, drohte er einzuschlafen. Aus Wut über seine körperliche Schwäche riss er sich beide Augenlider ab und warf sie fort. Dort, wo sie auf den Boden gefallen waren, wuchsen bis zum nächsten Morgen zwei Teepflanzen. Bodhidarma probierte davon und fühlte sich angenehm gestärkt. Noch heute bedeutet das japanische Schriftzeichen „Cha" zugleich Tee und Augenlid.

Friesen-Punsch

Tee mit 1/2 l kochendem Wasser aufgießen und drei Minuten ziehen lassen. Durch ein Sieb gießen und die Teeblätter dabei auffangen.

Kandis und Johannisbeernektar, Rotwein und Zimtstange erwärmen.

Heißen Tee unter die Saft-Wein-Mischung rühren. Zimtstange entfernen, Punsch in Gläser füllen und mit Karambolescheiben garnieren.

Zutaten für 4 Gläser
4 Tl schwarzer Tee
75 g weißer Kandis
75 ml roter Johannisbeer-
nektar
75 ml Rotwein
1 Zimtstange
1 Karambole (Sternfrucht)

Ostfriesland

In Deutschland bilden die Ostfriesen eine ganz besondere Fraktion der Teetrinker. Mit dem weltweit dritthöchsten Pro-Kopf-Verbrauch an Tee und der ostfriesischen Teestunde sind sie im Lande einmalig. Die ostfriesische Teestunde hat ihre festen Regeln. So wird der Tee nie mit dem Löffel umgerührt. Der Teelöffel dient auf besondere Weise der zwischenmenschlichen Kommunikation: Er signalisiert, dass jemand keinen Tee mehr möchte. Dazu legt man ihn einfach in die Tasse.

Gewürztee

Zutaten für 2 Gläser
2 Tl schwarze Teeblätter
400 ml Wasser
4 Gewürznelken
2 Sternanis
1/2 Zimtstange
2 cl Brombeerlikör
2 cl Rum

Die Teeblätter mit kochendem Wasser übergießen. Die Gewürze hinzufügen und alles 4–5 Minuten ziehen lassen.

Danach die Gewürze entfernen und Likör und Rum unterrühren.

Zimt

Die typischen Zimtstangen entstehen aus bestimmten Rinden-schichten des Zimtbaumes: Beim Prozess des Trocknens rollen sie sich von alleine zusammen, sodass mehrere Rindenstücke zu einer Stange zusammengeschoben werden können.

Weihnachtspunsch

Den Tee aufsetzen. Die Zitrone dünn schälen und den Saft auspressen. Wein, Rum, Saft und Tee erhitzen, aber nicht kochen.

Kandis mit Gewürzen, Zitronensaft und Schale dazugeben. Den Punsch 3–5 Minuten ziehen lassen, anschließend umrühren.

Alles durch ein Teesieb abseihen und auf 4 dekorative Teegläser verteilen. Eventuell noch mit Honig nachsüßen.

Zutaten für 4 Gläser
150 ml Waldbeertee
1 Zitrone
500 ml Rotwein
2 cl Jamaica-Rum
150 ml Preiselbeersaft
100 g Kandiszucker
1 Nelke
1 Zimtstange
1 Tl Spekulatius-
Gewürzmischung
Honig

Russland

In Russland wird viel und gerne Tee getrunken. In der Transsibirischen Eisenbahn gibt es in fast allen Waggons einen Behälter mit heißem Wasser, ihren Tee bringen die Reisenden selber mit. Tee wird in Russland süß getrunken, häufig nimmt man Zitronenscheiben, Zimt, kandierte Früchte oder Marmelade dazu. Eine russische Besonderheit ist der zweiteilige Samowar: In einem Kännchen wird sehr starkes Teekonzentrat warm gehalten. Dieses mischt man mit etwas heißem Wasser und erhält eine trinkbare Mixtur.

Bacardi Fireside

Zutaten für 1 Glas
1 Tl Zucker oder Kandis
1 Zitronenscheibe
2–4 cl weißer Rum
1 Tasse heißer
schwarzer Tee
1 Zimtstange

Zucker und Zitronenscheibe in ein großes Tee- oder Grogglas geben.

Den Rum zufügen und mit dem heißen Tee auffüllen. Zimtstange hineingeben.

Tipp

Das Wasser ist wichtig: Sie können getrost Leitungswasser verwenden, weil Sie an dessen „Geschmack" gewöhnt sind und ihn als neutral wahrnehmen. Sollte sich Ihr Wasser wegen zu großer Härte nicht zum Tee kochen eignen, können Sie stilles Mineralwasser verwenden.

Apfelsaftgrog mit grünem Lychee-Tee

Zutaten für 1 Glas
1 Beutel grüner Tee,
aromatisiert mit Lychee
100 ml klarer Apfelsaft
2–3 El Lycheesaft
(aus der Dose)
1 Tl Honig
1 Msp. gemahlener
Koriander

Dekoration:
Holzspieß
3 Lychees

Den Beutel grünen Tee mit gut 100 ml Wasser überbrühen und 4 Minuten ziehen lassen. Anschließend Beutel entfernen.

Apfel- und Lycheesaft erhitzen, Tee zufügen, mit Honig und Koriander würzen und in ein Grogglas gießen.

Lychees auf einen langen Spieß stecken und ins Glas stellen.

Teebeutel

Anfangs wurden Teebeutel noch mit Klebstoff verschlossen und bestanden aus ziemlich ungeeigneten Papiersorten. Beides wirkte sich negativ auf den Geschmack aus. Der nicht geklebte Doppelkammer-Teebeutel wurde erst später von A. Rambold erfunden. Heute enthalten alle Teebeutel hochwertige Teesorten. Da nicht alle Teebeutel dieselbe Menge Tee enthalten, sollte man ausprobieren, wie ergiebig eine Teesorte ist. Manche Beutel reichen sogar für eine ganze Kanne Tee.

Desserts

Limetten-Granita

Zutaten für 6 Portionen
80 g Zucker
500 ml Limettensaft
50 ml Eistee
100 ml Weißwein
6 El Orangenlikör
1 Zweig frische Minze

Zubereitungszeit:
ca. 20 Minuten
(plus Gefrierzeit)
Pro Portion ca.:
175 kcal/735 kJ
1 g E · 1 g F · 30 g KH

250 ml Wasser erwärmen und den Zucker darin auflösen. Anschließend abkühlen lassen.

Den Limettensaft mit Zuckerwasser, Eistee und Weißwein verrühren. In eine kältebeständige Schüssel füllen und 5 Stunden gefrieren lassen. Beginnt die Flüssigkeit am Rande zu gefrieren, mit einem Esslöffel gut durchrühren. Während der Gefrierzeit diesen Vorgang 5- bis 6-mal wiederholen. Je öfter umgerührt wird, desto feiner wird die Granita.

In 6 gekühlte Gläser je 1 El Likör geben. Die Granita mit einem Löffel abschaben und in die Gläser füllen. Mit Minzeblättern garnieren und sofort servieren.

Raffinierte Teecreme

Den Tee mit 200 ml Wasser aufkochen und etwas ziehen lassen. Nach ca. 5 Minuten durch ein Sieb gießen und erkalten lassen.

Mit Vermouth, Wodka, Orangen- und Zitronensaft verrühren.

Den Mascarpone und die Sahne unterrühren. In Schälchen anrichten, gut kühlen und mit der Zitronenmelisse garniert servieren.

Vermouth

Vermouth (auch Wermut oder Wermuth) ist ein mit Kräutern und Gewürzen angereicherter Wein, der sich durch einen bitteren Geschmack auszeichnet. Der italienische Vermouth ist meist lieblich, der französische Vermouth eher trocken.

Zutaten für 2 Portionen
1 1⁄2 Tl grüner Tee
4 cl trockener Vermouth
2 cl Wodka
2 El Orangensaft
2 El Zitronensaft
200 g Mascarpone
100 ml Sahne
Zitronenmelisse
zum Garnieren

Zubereitungszeit:
ca. 10 Minuten
(plus Kühlzeit)
Pro Portion ca.:
362 kcal/1522 kJ
12 g E · 14 g F · 30 g KH

Rooibos Sorbet

Zutaten für 4 Portionen
750 ml kalter Rooibos-Tee
250 ml Zuckersirup
40 ml Kräuterbrannt
2 Eiweiß

Zubereitungszeit:
15 Minuten
(plus Gefrierzeit)
Pro Portion ca.:
233 kcal/977 kJ
2 g E · 40 g F · 50 g KH

Den Rooibos-Tee mit dem Zuckersirup und dem Kräuterbrannt vermischen. Diese Flüssigkeit im Gefrierschrank gefrieren lassen und alle 15 Minuten durchrühren bis nach 2–3 Stunden ein Sorbet entstanden ist.

Anschließend mit dem Handmixer zu einer homogenen Masse mixen. Das Eiweiß zu steifem Eischnee schlagen, dazugeben und unterziehen. Alles zugedeckt wieder einfrieren.

Sobald die Masse fest ist, mit einem Eisportionierer Kugeln abstechen. Mit frischem Obst servieren.

Eierkuchen mit Erdbeercreme

Den Früchtetee in 250 ml Wasser zubereiten und anschließend abkühlen lassen. Die Erdbeeren putzen, waschen, trocknen und klein schneiden.

Tee, Frischkäse und Erdbeeren mit dem Handrührgerät verrühren.

Die Eier aufschlagen und mit der Milch verrühren. Mit Salz, Vanilleextrakt und Zimtpulver abschmecken. Zitronenschalen-Aroma unterrühren.

Die Butter in einer Pfanne erhitzen und aus der Masse 8 kleine Eierkuchen ausbacken.

Mit der Creme bestreichen, aufrollen, mit Puderzucker bestäuben und mit Zitronenmelisse garniert servieren.

Zutaten für 4 Portionen
4 Beutel Früchtetee
300 g Erdbeeren
250 g Frischkäse
6 Eier
200 ml Milch
1 Prise Salz
1 El Vanilleextrakt
Zimtpulver
Zitronenschalen-Aroma
4 El Butter
Puderzucker zum Bestäuben
Zitronenmelisse
zum Garnieren

Zubereitungszeit:
ca.15 Minuten
(plus Zeit zum Abkühlen
und Backen)
Pro Portion ca.:
423 kcal/1775 kJ
21 g E · 33 g F · 10 g KH

Kokoswaffeln mit Eis

Zutaten für 4 Portionen
1 1/2 Tl Jasmintee
100 ml kochendes Wasser
300 g Sahne
175 g Zucker
1 Eigelb
50 ml Orangensaft
250 g Weizenmehl
250 ml Kokosmilch
2 Eier
1 El Zitronensaft
Fett für das Waffeleisen
Zitronenmelisse
zum Garnieren

Zubereitungzeit:
ca. 20 Minuten
(plus Zeit zum Backen
und Eiszubereitung)
Pro Portion ca.:
219 kcal/921 kJ
2 g E · 11 g F · 25 g KH

Das Eis am Vortag zubereiten: Den Jasmintee mit dem kochenden Wasser überbrühen und 5 Minuten ziehen lassen.

Den Tee anschließend durchsieben und auskühlen lassen. Die Sahne mit 25 g Zucker steif schlagen. 25 g Zucker mit dem Eigelb schaumig schlagen.

In einer Schüssel die Sahne mit dem Tee, dem Orangensaft und dem Eigelb vorsichtig verrühren und im Gefrierschrank erstarren lassen.

Das Mehl mit der Kokosmilch, 2 Eiern, restlichem Zucker und 2 El Wasser zu einem Teig verrühren. Den Zitronensaft unterrühren. Den Teig ca. 10 Minuten ruhen lassen.

Das Waffeleisen vorheizen, fetten und aus dem Teig portionsweise Waffeln ausbacken. Das Eis zu Bällchen formen und zusammen mit den Waffeln anrichten. Mit etwas Zitronenmelisse garnieren und sofort servieren.

Teegebäck

Whities mit Limettenglasur

Zutaten für 16 Stück
200 g Mehl
4 Tl Backpulver
100 g Quark
1 El Milch
4 El Öl
60 g brauner Zucker
1 Päckchen Vanillinzucker
50 g Puderzucker
2 Tl Limettensaft
Limettenzesten
zum Garnieren

Zubereitungszeit:
ca. 30 Minuten
Pro Stück ca.:
355 kcal/1491 kJ
8 g E · 6 g F · 66 g KH

Den Backofen auf 180 °C (Umluft 160 °C) vorheizen. Ein ca. 30 x 20 cm großes Backblech mit Backpapier auslegen.

Das Mehl mit dem Backpulver mischen. Den Quark mit Milch, Öl und Zucker cremig rühren. Mehlmischung nach und nach unterrühren.

Den Teig auf das Blech streichen und im Backofen ca. 15 Minuten backen. Noch heiß in 16 Stücke schneiden.

Den Puderzucker mit dem Limettensaft glatt rühren, die Whities damit bestreichen, mit Limettenzesten garnieren und servieren.

Tipp

Falls Sie keine Limetten bekommen, nehmen Sie Zitronensaft- und schale. Sie können die Whities aber auch mit Schokoladenkuvertüre oder Nuss-Nougat-Creme bestreichen. Ihrer Fantasie sind keine Grenzen gesetzt.

Vanillezungen

Die Butter mit Zucker, Vanillemark und Salz schaumig rühren. Das Ei dazugeben und so lange rühren, bis sich der Zucker vollständig gelöst hat.

Die Milch darunter rühren. Den Backofen auf 200 °C (Umluft 180 °C) vorheizen.

Das Mehl mit dem Backpulver vermischen, sieben und unter den Teig heben. Den Rührteig in einen Spritzbeutel mit Lochtülle füllen.

Den Teig als fingerlange Streifen auf das mit Backpapier ausgelegte Backblech spritzen. Dabei auf genügend Abstand achten.

Die Vanillezungen im Backofen auf der mittleren Einschubleiste ca. 15 Minuten backen.

Zutaten für 50 Stück
200 g Butter
160 g Zucker
Mark von 1 Vanilleschote
1 Prise Salz
1 Ei
4 El Milch
280 g Mehl
1 Tl Backpulver

Zubereitungszeit:
ca. 45 Minuten
Pro Stück ca.:
32 kcal/134 kJ
1 g E · 1 g F · 3g KH

Englische Biskuitplätzchen

Zutaten für 30 Stück
4 Eier
1 Prise Salz
100 g Zucker
1 unbehandelte Zitrone
75 g Mehl
75 g Speisestärke
100 g Zartbitterschokolade
100 g Krokantschokolade

Zubereitungszeit:
ca. 30 Minuten
Pro Stück ca.:
73 kcal/308 kJ
4 g E · 2 g F · 10 g KH

Die Eier trennen. Das Eigelb mit Salz und Zucker cremig aufschlagen. Die Zitrone waschen, die Schale abreiben und den Saft auspressen. Beides unter die Eigelbmasse rühren. Den Backofen auf 200 °C (Umluft 180 °C) vorheizen.

Das Eiweiß zu steifem Schnee schlagen und auf die Eigelbmasse geben. Das Mehl mit der Stärke mischen und über den Eischnee sieben. Alles zusammen vorsichtig unterheben.

Ein Backblech mit Backpapier auslegen und von dem Teig jeweils 1 El in ausreichendem Abstand aufsetzen. Die Plätzchen vorsichtig mit dem Löffel rund ausstreichen. Im Backofen auf der mittleren Schiene ca. 10 Minuten backen.

Herausnehmen, vom Papier lösen und auf einem Kuchengitter auskühlen lassen. Die beiden Schokoladensorten zusammen schmelzen lassen und die Plätzchen jeweils zur Hälfte darin eintauchen.

Zitrus-Cookies

Den Backofen auf 200 °C (Umluft 180 °C) vorheizen. Das Back-blech einfetten. Die Butter mit dem Zucker schaumig schlagen. Das Ei unterrühren. Das Mehl mit Backpulver und Salz mischen und dazugeben. Das Ganze zu einem einheitlichen Teig verkneten.

Die Zitrone waschen und die Schale abreiben. Den Saft auspressen und zur Seite stellen. Die Schale unter den Teig kneten und aus dem Teig etwa 40 kleine Kugeln formen. Die Teigkugeln auf das Backblech setzen, etwas flach drücken und im Backofen auf der mittleren Ein-schubleiste ca. 12 Minuten backen.

Die Cookies aus dem Ofen nehmen und abkühlen lassen. Die Orangenmarmelade mit etwas Orangensaft glatt rühren. Die Man-darinen schälen und in Stücke teilen. Die Cookies mit Marmelade, Mandarinenstücken und Zitronenzesten garnieren und mit Puder-zucker bestäubt servieren.

Zutaten für 40 Stück
125 g Butter
125 g Zucker
1 Ei
200 g Mehl
1 Tl Backpulver
1 Prise Salz
1 unbehandelte Zitrone
2 El Orangenmarmelade
1 El Orangensaft
4 Mandarinen
Zitronenzesten und Puder-zucker zum Garnieren
Butter für das Blech

Zubereitungszeit:
ca. 25 Minuten
Pro Stück ca.:
57 kcal/239 kJ
5 g E · 3 g F · 7 g KH

Gefüllte Kokoswürfel

Zutaten für 12 Stück
50 g weiße Kuvertüre
2 Eier
100 g weiche Butter
75 g Zucker
50 g Mehl
200 g Kokosraspel
1 Päckchen Vanillinzucker
250 g Quittengelee oder
Aprikosenkonfitüre
50 g dunkle Kuvertüre

Zubereitungszeit:
ca. 45 Minuten
(plus Zeit zum Kühlen)
Pro Stück ca.:
271 kcal / 1138 kJ
4 g E · 16 g F · 27 g KH

Den Backofen auf 180 °C (Umluft 160 °C) vorheizen. Das Backblech mit Backpapier auslegen. Die weiße Kuvertüre fein hacken. Die Eier trennen.

Butter, Zucker und Eigelb schaumig rühren. Mehl, Kuvertüre, Kokosraspel bis auf 2 El und Vanillinzucker unterrühren. Das Eiweiß steif schlagen und unterheben.

Den Teig auf das Backblech geben, glatt streichen und auf der mittleren Einschubleiste ca. 15 Minuten backen.

Die abgekühlte Kuchenplatte waagerecht halbieren. Das Gelee erwärmen und 1 Platte damit bestreichen. Platten aufeinander setzen und andrücken.

In 4 x 4 cm große Würfel schneiden und mit dunkler Kuvertüre und restlichen Kokosraspeln garniert servieren.

Rezeptverzeichnis